Léger et GOURMAND

Angela Nilsen

Léger et GOURMAND

Vos recettes préférées revues par le **Dr Jean-Michel Cohen**

EDITIONS | PRISMA

Édition originale publiée en 2014 sous le titre *Make it lighter* par Hamlyn,
une division d'Octopus Publishing Group

www.editions-prisma.com

Directeur : Pierre-Olivier Bonfillon
Directrice éditoriale : Françoise Kerlo
Chargée d'édition : Julie Drouet, assistée de Stéphanie Goud
Chef de fabrication : Jérôme Brotons

Adaptation : Nord Compo, Villeneuve-d'Ascq
Traduction : Jean-Pierre Massias

Imprimé en Chine par 1010 Printing Group
Dépôt légal : août 2014
ISBN : 978-2-8104-1332-4

Des mesures standards sont utilisées dans toutes les recettes :
1 c. à s. = 1,5 cl
1 c. à c. = 0,5 cl

La custard en poudre figurant dans certaines recettes de ce livre est une préparation à base de farine de maïs typiquement anglaise, notamment utilisée pour épaissir des crèmes. On la trouve dans les rayons cuisine du monde des grandes surfaces, ainsi que dans les épiceries spécialisées.

Les fours doivent être préchauffés à la température spécifiée. Si vous utilisez un four à chaleur tournante, suivez les instructions du fabricant pour régler le temps et la température. Les grils doivent également être préchauffés.

Certaines recettes de cet ouvrage sont élaborées avec des noix ou leurs dérivés (huile de noix par exemple). Il est conseillé aux personnes allergiques et à celles qui pourraient souffrir de ces allergies – femmes enceintes ou qui allaitent, personnes âgées, nourrissons et jeunes enfants – d'éviter les plats qui en contiennent. Il est aussi prudent de vérifier sur les étiquettes des ingrédients préparés l'éventuelle présence de dérivés de noix. Les quelques recettes de ce livre à base d'œufs crus ou légèrement cuits sont également à déconseiller aux personnes les plus vulnérables : femmes enceintes ou allaitantes, personnes âgées, nourrissons et jeunes enfants.

Sommaire

Introduction de l'auteure

En vous présentant cet ouvrage, j'affirme haut et fort qu'il ne s'agit pas d'un livre de régime !... Le mot régime est souvent synonyme de privation. Rien à voir avec les recettes proposées dans ces pages. Au contraire, mon intention est de vous offrir des idées simples, faciles à réaliser et pratiques, pour vous aider à manger d'une façon saine et équilibrée, sans jamais vous sentir frustré.

Sain mais bon

L'idée d'« alléger » les recettes m'est venue d'une rubrique régulière qu'on m'avait demandé d'écrire pour *BBC Good Food Magazine*, intitulée « Cuisiner plus sain ». Chaque mois, je revisitais une recette parmi les préférées des lecteurs – du gratin dauphinois au cake au citron – en proposant sa version plus saine mais tout aussi savoureuse. Les recettes de cet ouvrage ne vous surprendront pas – ce sont des grands classiques ! Mon défi était de trouver les moyens de conserver le goût en créant une recette plus légère – avec moins de lipides, de sucre, de sel.

Cela n'a pas toujours été facile, car ma première exigence était de ne faire aucun compromis sur le goût et l'apparence de la recette originale. Pour cela, je n'avais pas l'intention d'utiliser beaucoup de produits allégés à la place des ingrédients traditionnels car ils n'ont pas la même saveur. C'est la raison pour laquelle, lorsque je m'en suis servie, j'ai cherché des moyens d'exacerber leur goût.

J'ai finalement créé pour ce magazine un nombre suffisant de recettes pour les rassembler dans un livre. La tendance actuelle privilégiant une cuisine plus saine, j'ai développé le concept – vous trouverez aussi bien des idées pour dîner en famille, recevoir des amis ou organiser un goûter... sans culpabilité. J'ai complété l'ouvrage avec de nouvelles recettes, comme la panacotta au café, les croquettes de poisson ou le pain d'épice.

Une vraie gageure

Alléger une recette dont le goût, la texture et l'apparence reposent en grande partie sur le gras, le sel ou le sucre, est un sacré défi, et j'ai souvent commencé sans avoir la moindre idée sur la façon de procéder ! Comment des cookies peuvent-ils rester croustillants et moelleux lorsqu'on utilise le minimum de matières grasses et de sucre ? J'ai toujours fini par trouver et j'ai même été étonnée par les bons résultats obtenus. Il faut de l'imagination pour savoir par quoi les remplacer, ou ce qu'il faut ajouter à la recette pour qu'elle reste appétissante. Le changement d'un seul ingrédient modifie parfois totalement le plat... Je fais donc appel à mes expériences personnelles, ou à celles des autres ! Une amie m'ayant raconté que sa dernière trouvaille pour faire du houmous était d'y incorporer une tête d'ail rôtie, j'ai expérimenté l'idée et résolu le problème de la saveur et de l'onctuosité, sans presque avoir à ajouter d'huile et de tahini.

Dans d'autres cas, le succès dépend davantage de l'adaptation de la recette que de sa réalisation. Pour chaque recette, j'ai dû trouver de nouvelles manières de cuisiner, associer ou transformer ses ingrédients, afin qu'elle conserve ses caractéristiques. Changer la technique de cuisson, par exemple, peut abaisser instantanément la teneur en gras : au lieu de faire frire des légumes dans une grande quantité de matière grasse, on peut simplement les badigeonner d'un filet d'huile ou les faire rôtir ou encore griller.

Un savoir-faire nutritionnel

J'ai également pris l'avis d'une nutritionniste pour connaître les ingrédients à éliminer ou réduire, et ceux qui peuvent les remplacer afin de rendre les recettes meilleures pour la santé. Mon hachis parmentier est devenu beaucoup plus sain quand la nutritionniste Fiona Hunter a suggéré de remplacer une partie de la viande par des lentilles. « On ne devine pas leur présence » m'a-t-elle affirmé et, effectivement, personne n'a rien soupçonné... Les quantités de sel et de lipides de la chaudrée de poisson ont été fortement réduites lorsque la nutritionniste Kerry Torrens a proposé d'utiliser du prosciutto plutôt que des lardons. J'ai aussi puisé dans les trucs des chefs et des critiques gastronomiques avec qui j'ai travaillé, ou utilisé des idées et des techniques que j'ai découvertes moi-même, au fil du temps.

Toutes les recettes de ce livre ont été testées et modifiées, souvent plusieurs fois, jusqu'à leur ultime version allégée. Durant un test, les choses ne se passent pas toujours bien, mais les échecs aussi permettent de trouver une meilleure façon d'améliorer un plat. Les gâteaux, en particulier, sont difficiles à adapter car ce sont les matières grasses et le sucre qui confèrent légèreté et moelleux. Pour le cake à la banane, ma première tentative n'a pas levé, il est resté lourd et compact. J'avais éliminé trop d'ingrédients. Mais ce ratage m'a aidée à redresser la situation. À la tentative suivante, il a gonflé !

J'ai parfois pensé qu'un plat ne pouvait pas être allégé, comme la tarte au citron. Et finalement, à force de tentatives, j'ai toujours trouvé les bons dosages pour obtenir des mets plus légers sans renoncer au goût.

Comme je préfère toujours ma version revisitée, mon palais s'est adapté à moins de gras, de sel et de sucre. Mais je vous rassure : je continue d'apprécier, à l'occasion, un plat ou un dessert très riche, même si ce n'est plus la base de mon alimentation.

Il est important de ne pas consommer plus de calories que vous êtes capable d'en brûler. Pour tirer le meilleur profit de ces recettes allégées, dites-vous qu'elles représentent une énergie saine et équilibrée. Cela signifie que vous pouvez consommer de tout parmi les principaux groupes d'aliments – fruits et légumes (un minimum de cinq portions par jour), lait et produits laitiers, viande, poisson, œufs, légumineuses, féculents, pain, pâtes, riz et pommes de terre –, tout en limitant les quantités de ceux qui contiennent des lipides et du sucre. Il est aussi recommandé de diminuer le sel (pour les adultes, il ne faut pas dépasser 6 g par jour). Alors goûtez toujours avant d'assaisonner, surtout si vous cuisinez avec des ingrédients déjà salés comme le bouillon, les anchois ou le parmesan, avec lesquels il est probable que vous aurez très peu besoin de saler, voire pas du tout.

Des repères visuels

La diététicienne Kerry Torrens m'a apporté son soutien indéfectible pendant l'écriture de ce livre. Elle a contribué aux discussions préparatoires à l'élaboration de chaque recette, ainsi qu'à sa réalisation, en veillant à ce que les ingrédients utilisés la rendent aussi légère et saine que possible. Elle a aussi créé des tableaux permettant de comparer les versions classiques et allégées. En outre, des symboles facilement reconnaissables soulignent d'autres aspects nutritionnels. Pour davantage d'informations, voir pages 10-11.

Faites le test

J'ai veillé à l'impact de chaque recette sur la santé, mais il était essentiel de ne pas négliger le goût. Avant de décider si la version finale est satisfaisante, je me demande toujours : « Est-ce que c'est bon, vais-je refaire cette recette ? » Si la réponse est négative, c'est peut-être qu'il faut ajouter un peu plus de matières grasses ou de sucre, jusqu'au bon résultat. Mais lorsqu'un de mes goûteurs n'arrive pas à faire la différence entre la version classique et la mienne, alors je sais que j'ai réussi. Et j'espère que beaucoup des recettes de ce livre seront des réussites pour vous aussi.

Angela Nilsen

Plus j'allège de plats et découvre des façons de le faire, plus je préfère mes versions aux recettes plus riches.

Symboles et pictogrammes

Des symboles facilement identifiables mettent l'accent sur les apports nutritionnels de chaque recette. Ils vous permettent d'évaluer rapidement sa teneur en lipides, sa richesse en fruits et légumes ou encore la quantité de sucre qu'elle contient.

Pour vous aider à voir rapidement comment chaque recette a été améliorée, la nutritionniste Kerry Torrens a créé des tableaux qui comparent, par portion, les quantités de calories, de lipides, de sucre ou de sel de la version classique de la recette et de sa version allégée.

FAIBLE EN LIPIDES
Moins de 3 g pour 100 g

FIBRES
Une portion fournit un tiers des besoins quotidiens, au moins 6 g pour 100 g

UN TIERS DU GRAS DE LA RECETTE CLASSIQUE

Guide des apports journaliers

Ce guide indique combien de calories et de nutriments nous devrions consommer dans le cadre d'une alimentation saine et équilibrée. Nous n'avons pas tous la même taille ni le même poids et nos activités diffèrent, aussi ces chiffres ne sont-ils que des repères pour comprendre de quelle façon un aliment ou un plat contribue à notre alimentation quotidienne.

Apports nutritionnels conseillés (ANC)

	Femmes	Hommes
Énergie (kcal)	2 000	2 500
Protéines (g)	45	55
Glucides (g)	230	300
Sucre (g)	90	120
Lipides (g)	70	95
Acides gras saturés (g)	20	30
Fibres (g)	24	24
Sel (g)	6	6

FAIBLE EN ACIDES GRAS SATURÉS

Moins de 1,5 g pour 100 g

PEU DE SEL

Moins de 0,3 g pour 100 g

PEU DE SUCRE

Moins de 5 g pour 100 g

PEU DE CALORIES

Moins de 500 kcal pour un plat principal, moins de 150 kcal pour un hors-d'œuvre ou un dessert

UN DES « CINQ FRUITS ET LÉGUMES » PAR JOUR

Le nombre de portions de fruits et/ou légumes

ACIDE FOLIQUE

Une portion fournit au moins 30 % des besoins quotidiens

VITAMINE C

Une portion fournit au moins 30 % des besoins quotidiens

OMÉGA-3

Une portion fournit au moins 30 % des besoins quotidiens

CALCIUM

Une portion fournit au moins 30 % des besoins quotidiens

FER

Une portion fournit au moins 30 % des besoins quotidiens

LA MOITIÉ DES ACIDES GRAS SATURÉS DE LA RECETTE CLASSIQUE

UN QUART DU SEL DE LA RECETTE CLASSIQUE

LA MOITIÉ DES CALORIES DE LA RECETTE CLASSIQUE

UN CINQUIÈME DU SUCRE DE LA RECETTE CLASSIQUE

HORS-D'ŒUVRE, SOUPES ET SALADES

½

Cocktail de crevettes

Cette entrée revient à la mode, aussi a-t-elle été imaginée dans une version plus légère. Le fromage blanc remplace une partie de la mayonnaise de la sauce classique, et le mélange des saveurs du Tabasco et du cognac permet d'employer moins de Ketchup. De plus, le cresson et l'avocat ont une meilleure qualité nutritionnelle que la laitue.

	Classique	Allégée
Kcal	303	186
Lipides	24 g	13 g
Acides gras saturés	4 g	2 g
Sel	1,97 g	1,23 g

186 kcal par personne

Protéines : 14 g ; glucides : 4 g ; lipides : 13 g ; acides gras saturés : 2 g ; fibres : 1 g ; sucre : 3 g ; sel : 1,23 g

Pour 4 personnes

Préparation : 35 minutes

Pour la salade

- 650 g de crevettes non décortiquées, ou 200 g de crevettes décortiquées cuites
- 2 c. à s. de jus de citron
- 100 g de concombre
- 1 c. à s. de vinaigre de vin blanc
- 1 c. à s. d'aneth ciselé
- 1 avocat
- 50 g de cresson
- 1 pincée de poivre de Cayenne

Pour la sauce

- 2 c. à s. de mayonnaise
- 5 c. à s. de fromage blanc à 0 % de matières grasses
- 1½ c. à s. de Ketchup
- 1 filet de Tabasco
- 1 filet de sauce Worcestershire
- 1 c. à c. de cognac
- poivre noir fraîchement moulu

1 Décortiquez les crevettes et rincez-les à l'eau froide dans une passoire, puis épongez-les dans du papier absorbant. Disposez-les dans un plat non métallique peu profond et arrosez-les avec 1 c. à s. de jus de citron avant d'ajouter un tour de moulin à poivre. Réservez.

2 Détaillez le concombre en petits dés et mettez-le dans un plat. Versez le vinaigre, parsemez d'aneth, poivrez légèrement et réservez. Ouvrez l'avocat, enlevez le noyau, pelez-le et coupez-le en petits cubes. Badigeonnez-les du jus de citron restant, ajoutez un peu de poivre et mélangez délicatement.

3 Pour la sauce, mélangez la mayonnaise, le fromage blanc et le Ketchup. Incorporez le Tabasco, la sauce Worcestershire, puis le cognac et un peu de poivre.

4 Pour servir, mettez une petite cuillerée de sauce au fond de 4 coupes. Hachez grossièrement le cresson – gardez quelques feuilles entières pour la décoration – et disposez-le sur la sauce. Égouttez le concombre soigneusement et répartissez-le avec les dés d'avocat dans les coupes. Déposez les crevettes par-dessus et nappez-les avec le reste de sauce. Décorez avec les feuilles de cresson réservées et ajoutez une pincée de poivre de Cayenne. Servez frais.

Le secret : remplacer une partie de la mayonnaise par du fromage blanc.

Soupe à l'oignon

Le bouillon de bœuf, le beurre utilisé pour caraméliser les oignons, les croûtons et le gruyère font de la soupe à l'oignon traditionnelle un plat lourd à digérer. Cette version plus légère reste toutefois nourrissante.

	Classique	Allégée
Kcal	570	405
Lipides	32 g	19 g
Acides gras saturés	17 g	5 g
Sel	5,77 g	1 g

405 kcal par personne

Protéines : 12 g ; glucides : 44 g ; lipides : 19 g ; acides gras saturés : 5 g ; fibres : 4 g ; sucre : 18 g ; sel : 1 g

Pour 4 personnes

Préparation : 30 minutes
Cuisson : 1 h 15

Pour la soupe

- 3 c. à s. d'huile de colza vierge extra
- 900 g d'oignons émincés
- 3 brins de thym
- 2 feuilles de laurier
- 30 cl de vin blanc sec
- 1 c. à s. bombée de farine
- 1 c. à s. de bouillon de légumes en poudre
- sel

Pour la garniture

- 1 gousse d'ail écrasée
- 1 c. à s. d'huile de colza vierge extra
- 4 tranches de baguette tranchées en biais
- 1 brin de thym
- 25 g de parmesan grossièrement râpé
- 50 g de gruyère grossièrement râpé
- sel, poivre noir fraîchement moulu

1 Faites chauffer de l'huile dans un faitout, ajoutez les oignons, puis le thym, le laurier et un peu de sel. Laissez cuire à feu vif 5 min, en remuant souvent. Les oignons ne doivent pas brunir, seulement ramollir. Réduisez la chaleur et faites cuire 35 min à découvert, en mélangeant régulièrement.

2 Pendant ce temps, portez le vin à ébullition dans une petite casserole et laissez-le bouillir 30 s. Laissez-le refroidir. Dans une petite poêle, versez la farine et faites-la cuire à feu doux quelques minutes, en remuant de temps en temps jusqu'à ce qu'elle brunisse légèrement. Réservez.

3 Quand les oignons sont tendres, augmentez le feu et faites cuire 12 à 15 min à feu vif, en remuant régulièrement. Lorsqu'ils ont pris une belle couleur brune, ajoutez la farine en tournant, puis versez lentement le vin sans cesser de remuer. Ajoutez 1,2 l d'eau froide et le bouillon en poudre, mélangez et portez doucement à ébullition. Écumez si nécessaire. Laissez mijoter 15 min.

4 Préparez les croûtons. Préchauffez le four à 200 °C (th. 6-7), ou 180 °C (th. 6) en chaleur tournante. Mélangez l'ail et l'huile et badigeonnez-en les tranches de pain avant de les couper en cubes. Répartissez les croûtons sur une plaque de cuisson et enfournez 8 à 10 min jusqu'à ce qu'ils dorent. Réservez.

5 Recouvrez la plaque de papier sulfurisé. Mélangez les feuilles du brin de thym et le parmesan. Étalez le mélange en un rectangle de 13 x 8 cm. Enfournez 8 min jusqu'à ce que le parmesan fonde et dore. Sortez-le du four et laissez durcir, puis brisez-le en morceaux irréguliers.

6 Ôtez le thym et le laurier et versez la soupe dans des assiettes creuses. Répartissez des croûtons et du gruyère, poivrez et décorez avec une chips au parmesan.

Pour réduire le sel, on a utilisé un peu de bouillon en poudre délayé dans de l'eau, au lieu de bouillon de bœuf fait maison.

Soufflés au fromage

Préparés jusqu'à 24 heures à l'avance, ces délicieux petits soufflés sont bien pratiques lorsque l'on reçoit. Ils gonflent de nouveau quand on les passe une seconde fois au four. On remplace ici une partie des ingrédients riches en matières grasses par des substituts moins gras mais plus goûteux.

	Classique	Allégée
Kcal	275	175
Lipides	21,6 g	10,6 g
Acides gras saturés	12,5 g	4 g
Sel	0,9 g	0,5 g

175 kcal par personne

Protéines : 9,7 g ; glucides : 10,4 g ; lipides : 10,6 g ; acides gras saturés : 4 g ; fibres : 0,9 g ; sucre : 4,6 g ; sel : 0,5 g

Pour 6 personnes

Préparation : 45 minutes, plus refroidissement et réfrigération
Cuisson : 30 minutes

Pour les soufflés

- 1 c. à s. bombée de farine de maïs
- 1½ c. à s. d'huile d'olive, plus un peu pour les ramequins
- 1 c. à c. de beurre
- 25 g de farine
- 25 cl de lait demi-écrémé
- 50 g de parmesan râpé
- 1 c. à c. de moutarde de Dijon
- 50 g de fromage à tartiner allégé
- 2 c. à s. bombées de ciboulette ciselée, plus un peu pour garnir
- 2 jaunes d'œufs
- 3 blancs d'œufs
- poivre

Pour la salade de tomates

- 350 g de tomates cerises finement détaillées
- ½ petit oignon rouge
- 1 c. à c. de concentré de tomate
- 1 pincée de piment en poudre
- poivre noir fraîchement moulu
- 50 g de roquette, pour accompagner

1 Enduisez légèrement 6 ramequins d'huile puis saupoudrez-les de farine de maïs. Éliminez le surplus. Placez les ramequins dans un plat allant au four. Faites chauffer l'huile et le beurre dans une casserole, ajoutez la farine en remuant et laissez cuire 1 min sans cesser de mélanger. Retirez du feu et ajoutez le lait par petites quantités, en remuant, jusqu'à ce que la préparation soit lisse et onctueuse.

2 Remettez la casserole sur le feu et mélangez jusqu'à ce que la préparation épaississe et se mette à bouillir. Retirez du feu. Réservez 1 c. à s. bombée de parmesan et incorporez le reste, avec la moutarde et le fromage à tartiner. Ajoutez la ciboulette, poivrez et laissez tiédir.

3 Préparez la salade. Mélangez les tomates, l'oignon, le concentré de tomate et le piment. Poivrez, couvrez et réservez au réfrigérateur jusqu'au moment de servir.

4 Préchauffez le four à 200 °C (th. 6-7), ou 180 °C (th. 6) en chaleur tournante. Mélangez les jaunes d'œufs à la préparation au fromage. Montez les blancs en neige. Incorporez-en une cuillerée à la préparation pour la détendre un peu, puis ajoutez peu à peu le reste délicatement. Répartissez le mélange entre les ramequins.

5 Versez de l'eau froide dans le plat à mi-hauteur des ramequins. Enfournez 15 à 18 min jusqu'à ce que les soufflés aient gonflé et doré. Retirez-les avec précaution du plat et laissez-les refroidir. Les soufflés vont s'affaisser en refroidissant. Couvrez les ramequins refroidis, placez-les au réfrigérateur où vous pouvez les garder jusqu'à 24 heures.

6 Pour faire recuire les soufflés, préchauffez le four à 200 °C (th. 6-7), ou 180 °C (th. 6) en chaleur tournante. Sortez les soufflés du réfrigérateur 10 min avant de les enfourner. Placez-les sur une plaque de cuisson recouverte de papier sulfurisé, saupoudrez-les avec le parmesan réservé et mettez-les au four 10 min ou jusqu'à ce qu'ils lèvent. Parsemez de ciboulette et servez avec la salade de tomates et la roquette.

On a diminué les acides gras saturés en substituant de l'huile d'olive à une partie du beurre.

•

Pour réduire les matières grasses, on a remplacé le lait entier par du lait demi-écrémé.

•

Un mélange de parmesan à la saveur prononcée et de fromage allégé permet de réduire le gras.

•

Les tomates et la roquette apportent de l'équilibre au plat.

Terrine de saumon

La saveur et la texture d'une terrine de poisson en font un hors-d'œuvre gourmand, mais riche en lipides. Cette version allégée est meilleure pour le cœur, tout en préservant le moelleux de la recette classique. Pour lui conserver sa légèreté, proposez des tranches de pain ou des pitas grillées en accompagnement.

	Classique	Allégée
Kcal	225	157
Lipides	19,2 g	10,1 g
Acides gras saturés	11,8 g	3,5 g
Sel	2,2 g	0,7 g

157 kcal par personne

Protéines : 15,1 g ; glucides : 1,9 g ; lipides : 10,1 g ; acides gras saturés : 3,5 g ; fibres : 0,7 g ; sucre : 1,6 g ; sel : 0,7 g

Pour 4 personnes

Préparation : 15 minutes, plus refroidissement
Cuisson : 5 minutes

- 1 filet de saumon d'environ 140 g sans la peau
- ½ avocat mûr, pelé et dénoyauté
- 175 g de fromage à tartiner allégé
- 2 c. à c. de jus de citron
- 1 gousse d'ail écrasée
- 2 c. à c. de ciboulette ciselée, plus un peu pour garnir
- sel, poivre noir fraîchement moulu

1 Mettez le saumon dans une casserole et versez de l'eau pour qu'il soit juste recouvert, puis portez à frémissement. Couvrez et laissez mijoter 5 min ou jusqu'à ce qu'il soit cuit (la durée dépend de l'épaisseur du filet de poisson). Retirez la casserole du feu et laissez le poisson pocher 2 min, puis sortez-le avec une écumoire et réservez-le.

2 Hachez l'avocat, mettez-le dans le bol d'un robot avec le fromage à tartiner, le jus de citron et l'ail, puis mixez jusqu'à obtenir un mélange onctueux.

3 Quand le saumon est bien refroidi, réduisez-le en morceaux. Ajoutez-les dans le robot avec la ciboulette et mixez de nouveau brièvement – si vous voulez conserver des morceaux de saumon –, ou plus longtemps si vous souhaitez une terrine à la texture plus fine. Salez et poivrez. Répartissez la préparation dans de petits ramequins et saupoudrez de ciboulette avant de servir.

On a réduit les calories et les matières grasses en remplaçant les œufs et la crème par de l'avocat et du fromage allégé.

Laksa aux crevettes

Avec son bouillon parfumé aux épices, ce plat asiatique est une entrée pour quatre personnes ou un repas léger pour deux ou trois. Sa richesse vient du lait de coco très gras et son goût salé de la sauce de poisson, du bouillon et des crevettes. En ajustant les ingrédients, la quantité de lipides diminue de moitié et le sel de façon tout aussi impressionnante.

	Classique	Allégée
Kcal	556	298
Lipides	25,4 g	12,6 g
Acides gras saturés	16 g	7,4 g
Sel	6,3 g	1,7 g

298 kcal par personne

Protéines : 16,1 g ; glucides : 29,8 g ; lipides : 12,6 g ; acides gras saturés : 7,4 g ; fibres : 4 g ; sucre : 4,9 g ; sel : 1,7 g

Pour 4 personnes

Préparation : 20 minutes
Cuisson : 40 minutes

Pour la soupe laksa

- 20 crevettes royales non décortiquées cuites
- 40 cl de lait de coco allégé
- 2 petits bulbes de pak-choï coupés en morceaux de 2,5 cm
- 100 g de pois mange-tout, fendus dans le sens de la longueur
- 100 g de pointes d'asperges vertes coupées en quatre
- 2 c. à s. d'huile de colza
- 2 c. à c. de sauce de poisson
- ½ c. à c. de sucre de canne complet (muscovado)
- 140 g de nouilles sèches aux œufs
- 100 g de pousses de soja
- 1 c. à s. de jus de citron vert

Pour la pâte de laksa

- 2 gousses d'ail grossièrement hachées
- 1 échalote grossièrement hachée
- 1 tige de citronnelle, feuilles extérieures retirées, grossièrement hachée
- 1 morceau de 2,5 cm de gingembre frais grossièrement râpé
- 1 petit piment rouge thaï (épépiné, si vous préférez une recette moins relevée)
- 1 petite pincée de curcuma
- ¼ c. à c. de cumin en poudre
- 1 c. à s. de feuilles de coriandre fraîche hachées avec leurs tiges
- 2 c. à c. de pâte de piment, sambal oelek par exemple
- 1 pincée de sel

Pour la garniture

- feuilles de coriandre grossièrement hachées

1 Préparez un bouillon avec les carapaces des crevettes. Pour cela, décortiquez les crevettes en laissant le bout de la queue et mettez les carapaces et les têtes dans une casserole avec 45 cl d'eau. Portez à ébullition, réduisez la chaleur et laissez mijoter 20 min. Égouttez dans une passoire pour obtenir environ 35 cl de bouillon.

2 Pendant ce temps, préparez la pâte de laksa. Mettez tous les ingrédients dans le bol d'un robot avec 2 c. à s. de lait de coco, puis mixez jusqu'à obtenir une pâte aussi fine que possible. Réservez.

3 Faites cuire ensemble à la vapeur le pak-choï, les pois mange-tout et les asperges 3 à 4 min jusqu'à ce qu'ils deviennent tendres, en gardant un aspect vert vif. Réservez. Faites chauffer l'huile dans un wok ou une grande poêle, et faites-y frire la pâte de laksa 4 min. Versez 30 cl du bouillon de crevettes et laissez mijoter 2 min. Ajoutez la sauce de poisson, le sucre et le reste du lait de coco et poursuivez la cuisson 2 à 3 min à feu très doux, pour éviter de faire tourner le bouillon. Enlevez du feu.

4 Faites cuire les nouilles 4 à 5 min selon les instructions figurant sur le paquet. Pendant ce temps, mettez les légumes cuits à la vapeur et les crevettes dans le bouillon, baissez la température et réchauffez le tout 1 à 2 min. Ajoutez la moitié des pousses de soja et le reste du bouillon de crevettes en remuant. Retirez du feu pour verser le jus de citron vert sans cesser de remuer.

5 Égouttez les nouilles et répartissez-les dans 4 bols. Versez le bouillon sur les nouilles, avec les légumes et les crevettes, puis déposez le reste des pousses de soja par-dessus avant de parsemer la coriandre.

ASTUCE

- Le sel de la pâte de laksa a été légèrement réduit, mais il faut savoir qu'une certaine quantité est nécessaire pour que celle-ci ait une bonne texture et ne soit pas trop molle.

Pour réduire les acides gras saturés, on a remplacé le lait de coco entier par une version allégée.

•

En réalisant une pâte de laksa maison, on a limité la quantité de sel.

•

On a eu besoin de moins de sauce de poisson, très salée : ce sont les ingrédients de la pâte de laksa qui donnent la saveur.

Salade César

Les salades sont trompeuses car elles nous font parfois absorber une grande quantité de calories et de matières grasses avec l'assaisonnement, les croûtons et le fromage. Dans cette version, la quantité de lipides est réduite de moitié, mais le plat reste gourmand et savoureux.

	Classique	Allégée
Kcal	674	430
Lipides	47,5 g	23 g
Acides gras saturés	9,2 g	4 g
Sel	2,19 g	1,37 g

430 kcal par personne

Protéines : 43 g ; glucides : 15 g ; lipides : 23 g ; acides gras saturés : 4 g ; fibres : 3 g ; sucre : 4 g ; sel : 1,37 g

Pour 4 personnes

Préparation : 25 minutes, plus marinade
Cuisson : 25 minutes

Pour le poulet

- 1½ c. à s. de jus de citron
- 1 c. à s. d'huile d'olive
- 2 c. à c. de feuilles de thym, plus quelques brins
- 1 gousse d'ail
- 4 blancs de poulet d'environ 140 g chacun
- poivre

Pour les croûtons

- 100 g de pain de campagne
- 2 c. à s. d'huile d'olive

Pour la salade

- 1 laitue romaine, feuilles détachées, lavées et séchées
- 100 g de roquette ou de cresson
- 25 g de parmesan râpé à l'aide d'un économe 1 gousse d'ail finement hachée

Pour l'assaisonnement

- 1 c. à c. de moutarde de Dijon
- ½ c. à c. de sauce Worcestershire
- 1 c. à s. de jus de citron, plus un peu pour la finition
- 1 pincée de piment en poudre
- 4 filets d'anchois à l'huile égouttés et finement hachés
- 3 c. à s. de mayonnaise
- 4 c. à s. de yaourt nature à 0 % de matières grasses
- poivre noir fraîchement moulu

1 Faites mariner le poulet. Mélangez le jus de citron, l'huile, le thym et l'ail dans un plat non métallique. Mettez-y le poulet et retournez-le dans la marinade pour bien l'enrober. Poivrez, couvrez et réservez jusqu'à 2 heures au réfrigérateur.

2 Préchauffez le four à 200 °C (th. 6-7), ou 180 °C (th. 6) en chaleur tournante. Coupez le pain en cubes. Étalez-les en une seule couche sur la plaque du four et arrosez-les d'huile. Enfournez 10 min jusqu'à ce qu'ils soient dorés et croustillants.

3 Pendant ce temps, mettez l'ail dans un mini-mixeur avec la moutarde, la sauce Worcestershire, le jus de citron, le piment et les anchois. Mixez jusqu'à obtenir un mélange onctueux, ajoutez la mayonnaise et le yaourt, puis mixez à nouveau jusqu'à ce que le mélange ait la consistance d'une crème épaisse. Poivrez. Si nécessaire, détendez la sauce avec 1 ou 2 c. à c. d'eau froide pour avoir une consistance plus légère.

4 Faites chauffer une poêle antiadhésive jusqu'à ce qu'elle soit très chaude. Placez-y les filets de poulet et laissez cuire 15 à 16 min, en les retournant une ou deux fois, jusqu'à ce qu'ils soient cuits à cœur. Sortez-les et attendez 5 min avant de les découper en lanières.

5 Gardez les petites feuilles de laitue entières, mais déchiquetez les grandes en deux ou trois morceaux et mettez-les dans un grand saladier avec la roquette ou le cresson. Versez un peu moins de la moitié de l'assaisonnement et remuez délicatement. Répartissez la salade ainsi assaisonnée dans 4 assiettes avant d'ajouter les croûtons, le poulet et le parmesan. Arrosez du reste de l'assaisonnement, puis ajoutez quelques gouttes de citron.

Le secret pour obtenir un assaisonnement délicieux et faible en matières grasses : un mélange de mayonnaise et de yaourt à 0 %.

•

On a fait dorer les croûtons au four et griller le poulet à sec.

•

En utilisant des anchois et du parmesan qui donnent de la saveur, on a évité de saler.

•

On a ajouté de la roquette pour son apport en vitamines C et B9.

½ kcal 3

Soupe de courge butternut

Une technique de cuisine plus saine et une saveur renforcée sans ajout de matières grasses ni de sel permettent de conserver le côté réconfortant de cette soupe.

	Classique	Allégée
Kcal	436	213
Lipides	29,7 g	6,2 g
Acides gras saturés	13,1 g	0,9 g
Sel	1,2 g	0,1 g

213 kcal par personne

Protéines : 6,6 g ; glucides : 34,1 g ; lipides : 6,2 g ; acides gras saturés : 0,9 g ; fibres : 8,8 g ; sucre : 20,1 g ; sel : 0,1 g

Pour 4 personnes

Préparation : 30 minutes
Cuisson : 45 minutes

On a réduit les acides gras saturés : l'huile de colza remplace le beurre pour la cuisson, et le yaourt la crème pour l'onctuosité.

- 1½ c. à c. de graines de coriandre
- 1 c. à c. de graines de cumin
- 1 courge butternut d'environ 1,25 kg
- 1 oignon coupé en fins quartiers
- 1 poivron rouge épépiné et coupé en morceaux de 3 à 4 cm
- 3 gousses d'ail pelées et coupées en deux
- ½ c. à s. d'huile de colza
- ¼ c. à c. de piment en poudre
- 85 cl de bouillon de légumes
- 4 c. à s. de yaourt nature
- poivre noir fraîchement moulu

1 Préchauffez le four à 200 °C (th. 6-7), ou 180 °C (th. 6) en chaleur tournante. Faites chauffer une petite casserole à fond épais et mettez-y les graines de coriandre et de cumin à griller 2 à 3 min, jusqu'à ce que leur parfum se dégage, en secouant la casserole pour éviter qu'elles ne brûlent. Enlevez les graines du feu puis écrasez-les en poudre dans un mortier. Réservez.

2 Épluchez la courge et coupez-la en quatre dans le sens de la longueur. Épépinez-la et débitez-la en morceaux de 3 à 4 cm. Mettez-les dans un grand plat allant au four avec l'oignon, le poivron rouge et l'ail.

3 Incorporez le mélange coriandre-cumin et le piment à l'huile, arrosez-en les légumes puis remuez-les (avec les mains, c'est mieux) pour bien les enrober. Étalez-les en une seule couche, pour une cuisson plus homogène. Poivrez copieusement. Laissez cuire 40 à 45 min ou jusqu'à ce que les légumes soient très tendres et légèrement brunis sur les bords.

4 Sortez le plat du four et versez-y 30 cl d'eau bouillante, en grattant le fond pour détacher tous les sucs. Ajoutez 50 cl du bouillon. Transférez (en plusieurs fois si nécessaire) dans le bol d'un mixeur et mixez jusqu'à obtenir un mélange onctueux.

5 Transvasez dans une casserole, et ajoutez le reste du bouillon en remuant. Réchauffez. Au moment de servir, incorporez une cuillerée de yaourt dans chaque bol pour rendre la soupe crémeuse.

Salade niçoise

Avec les anchois et un riche assaisonnement, la salade niçoise multiplie le sel, les matières grasses et les calories. Mais il existe deux façons de rendre la recette meilleure pour la santé, tout en lui conservant sa saveur.

	Classique	Allégée
Kcal	621	451
Lipides	43 g	28,3 g
Acides gras saturés	7,6 g	4,9 g
Sel	2,7 g	1,7 g

451 kcal par personne

Protéines : 39 g ; glucides : 8,8 g ; lipides : 28,3 g ; acides gras saturés : 4,9 g ; fibres : 9 g ; sucre : 4,8 g ; sel : 1,7 g

Pour 4 personnes

Préparation : 30 minutes
Cuisson : 15-20 minutes

Pour la salade

- 300 g de haricots verts parés
- 200 g de fèves fraîches ou congelées dans leurs gousses
- 4 œufs
- 4 steaks de thon de 115 g chacun et de 2,5 cm d'épaisseur
- 1 c. à c. d'huile de colza
- 250 g de tomates cerises coupées en deux
- 12 morceaux d'artichauts grillés à l'huile bien égouttés
- 16 petites olives noires
- 4 filets d'anchois à l'huile égouttés et finement hachés
- poivre noir fraîchement moulu

Pour l'assaisonnement

- 1 gousse d'ail
- 1 c. à s. de jus de citron
- 1 c. à s. de vinaigre de vin blanc
- 1 c. à c. de moutarde de Dijon
- 2 c. à s. d'huile d'olive vierge extra
- 2 c. à s. d'huile de colza
- 1 c. à s. de persil plat haché
- 2 c. à s. de ciboulette ciselée
- sel, poivre noir fraîchement moulu

1 Faites cuire les haricots verts à l'eau bouillante 3 à 5 min, jusqu'à ce qu'ils soient encore vert vif et un peu croquants. Égouttez-les dans une passoire et passez-les sous l'eau froide. Faites cuire les fèves à l'eau bouillante 3 min, puis égouttez-les et refroidissez-les rapidement sous l'eau froide. Écossez-les. Réservez.

2 Mettez les œufs dans une casserole d'eau, portez à ébullition puis laissez cuire 5 min pour obtenir des œufs mollets. Égouttez-les immédiatement et plongez-les dans l'eau froide pour arrêter la cuisson. Attendez quelques minutes avant de les écaler. Réservez.

3 Pour l'assaisonnement, écrasez l'ail dans un petit bol, ajoutez le jus de citron, le vinaigre et la moutarde. Mélangez et, tout en remuant, incorporez peu à peu l'huile d'olive puis celle de colza. Ajoutez les herbes, mélangez, poivrez et salez.

4 Séchez les steaks de thon avec du papier absorbant, puis enduisez-les d'huile. Poivrez. Faites chauffer un gril ou une poêle antiadhésive, et mettez-y les steaks de thon à cuire 2 à 3 min de chaque côté. Réservez.

5 Répartissez les haricots verts, les fèves, les tomates, les artichauts, les olives et les anchois dans 4 assiettes creuses. Posez un steak de thon et 2 moitiés d'œuf par-dessus, puis ajoutez l'assaisonnement.

Pour bénéficier du "bon" gras du thon, on l'a choisi frais et non en boîte et on l'a fait griller.

1/3 kcal

Soupe de poireaux-pommes de terre

Le recours à la crème épaisse pour obtenir le velouté de cette soupe peut la rendre très grasse. Voici une version bien plus saine avec beaucoup moins de calories et de matières grasses, mais tout autant d'onctuosité et de goût.

	Classique	Allégée
Kcal	428	141
Lipides	32,3 g	4,9 g
Acides gras saturés	20 g	1,1 g
Sel	1,3 g	0,2 g

141 kcal par personne

Protéines : 5,4 g ; glucides : 18,5 g ; lipides : 4,9 g ; acides gras saturés : 1,1 g ; fibres : 4,9 g ; sucre : 5,1 g ; sel : 0,2 g

Pour 4 personnes

Préparation : 15 minutes
Cuisson : 15 minutes

- 1 c. à s. d'huile de colza
- 1 petit oignon haché
- 2 à 3 poireaux épluchés, lavés et coupés
- 300 g de pommes de terre épluchées et coupées en cubes de 2 cm
- 140 g de chou-fleur coupé en morceaux de 2 cm
- 1 l de bouillon de légumes
- 5 cl de lait demi-écrémé
- 4 c. à s. de crème fraîche à 30 % de matières grasses
- ciboulette ciselée, pour garnir
- poivre noir fraîchement moulu

1 Faites chauffer l'huile dans une grande casserole et faites-y revenir l'oignon et les poireaux 4 à 5 min jusqu'à ce qu'ils commencent à ramollir. Ajoutez les pommes de terre et le chou-fleur, poivrez et versez le bouillon. Portez à ébullition et laissez mijoter 8 à 10 min. Les légumes doivent être très tendres, mais pas trop cuits pour ne pas perdre leur saveur.

2 Transférez les légumes et le bouillon dans le bol d'un mixeur et réduisez-les en purée. Opérez en plusieurs fois si nécessaire. Ajoutez le lait en remuant. Versez la soupe dans une autre casserole pour la réchauffer brièvement. Si vous préférez une texture vraiment lisse, passez-la d'abord à travers un tamis.

3 Versez la soupe dans 4 bols, ajoutez 1 c. à c. de crème fraîche dans chacun, mélangez, saupoudrez de ciboulette et poivrez.

ASTUCE

- Pour nettoyer les poireaux, fendez-les en deux dans le sens de la longueur, juste assez pour pouvoir écarter les feuilles et les rincer à l'eau froide afin d'enlever toute trace de terre.

Au lieu de crème entière, on a utilisé du chou-fleur, du lait et de la crème fraîche à 30 % pour garder l'onctuosité tout en réduisant les calories.

½

Salade de pommes de terre

Ce qui peut rendre ce plat indigeste est l'assaisonnement à base de mayonnaise et de crème, et non les légumes en eux-mêmes. Ne pelez pas les pommes de terre pour profiter des fibres de leur peau.

	Classique	Allégée
Kcal	370	215
Lipides	32,4 g	12,1 g
Acides gras saturés	3,7 g	2,7 g
Sel	0,9 g	0,5 g

215 kcal par personne

Protéines : 4,5 g ; glucides : 21,9 g ; lipides : 12,1 g ; acides gras saturés : 2,7 g ; fibres : 2 g ; sucre : 4,5 g ; sel : 0,5 g

Pour 6 personnes

Préparation : 10 minutes
Cuisson : 10 minutes

- 750 g de pommes de terre nouvelles grattées, lavées et non épluchées
- 2 c. à s. de mayonnaise
- 3 c. à s. de yaourt nature
- 3 c. à s. de crème fraîche à 30 % de matières grasses
- 1 c. à c. de moutarde de Dijon
- 1 c. à s. de lait demi-écrémé
- 8 oignons nouveaux finement hachés
- 3 c. à s. de ciboulette ciselée
- 1 c. à s. d'estragon haché
- sel, poivre noir fraîchement moulu

1 Coupez les pommes de terre en morceaux de 2,5 à 3 cm et jetez-les dans une casserole d'eau bouillante. À la reprise de l'ébullition, réduisez le feu et laissez cuire 10 min ou jusqu'à ce que les pommes de terre soient cuites sans s'écraser. Égouttez-les, puis transférez-les dans un grand saladier.

2 Pendant la cuisson des pommes de terre, mélangez la mayonnaise, le yaourt, la crème fraîche, la moutarde et le lait. Ajoutez les oignons nouveaux et la plus grande partie de la ciboulette et de l'estragon. Salez et poivrez.

3 Versez l'assaisonnement sur les pommes de terre tièdes, et remuez doucement pour ne pas les écraser. Parsemez du reste de ciboulette et d'estragon. Couvrez et réservez au frais. Sortez le plat du réfrigérateur 15 à 20 min avant de servir.

Pour que la sauce soit moins grasse, mais crémeuse, on a mélangé mayonnaise, yaourt et crème à 30 %.

Poulet du couronnement

Créé pour le déjeuner de la célébration du couronnement d'Elizabeth II en 1953, ce plat britannique est un curieux mariage entre l'Orient et l'Occident. Cette version contemporaine est plus légère. Servez avec du riz ou du couscous mélangé à de la coriandre fraîchement ciselée.

	Classique	Allégée
Kcal	797	402
Lipides	65 g	23 g
Acides gras saturés	14 g	5 g
Sel	1,53 g	0,53 g

402 kcal par personne

Protéines : 35,2 g ; glucides : 15 g ; lipides : 23 g ; acides gras saturés : 5 g ; fibres : 3 g ; sucre : 14 g ; sel : 0,53 g

Pour 6 personnes

Préparation : 30 minutes, plus refroidissement
Cuisson : 2 h 05

Pour le poulet

- 1 poulet de 1,6 kg
- 2 petits oignons grossièrement hachés
- 1 carotte coupée en rondelles
- 4 brins d'estragon
- 2 feuilles de laurier

Pour la sauce

- 1 c. à s. d'huile de colza
- 4 c. à c. de curry en poudre
- 2 c. à c. de concentré de tomate
- 6 abricots secs coupés en quatre
- 1 c. à c. de sucre de canne complet (muscovado)
- 1 c. à s. de jus de citron vert
- 100 g de mayonnaise
- 250 g de fromage frais à 0 % de matières grasses (fromage blanc, petits-suisses...)
- poivre noir fraîchement moulu

Pour la salade

- 6 oignons nouveaux
- 25 g de coriandre fraîche hachée
- 1 mangue mûre, dénoyautée, pelée et coupée en lanières
- 100 g de cresson

1 Cette première étape peut être réalisée la veille. Mettez le poulet dans une grande casserole et versez juste assez d'eau froide pour le recouvrir. Ajoutez la moitié de l'oignon haché, la carotte, l'estragon et le laurier. Couvrez et portez à ébullition, puis réduisez le feu et laissez mijoter 1 h 45 ou jusqu'à ce que le poulet soit cuit (les cuisses doivent se détacher facilement). Enlevez la casserole du feu et laissez refroidir 3 h. Retirez la graisse figée à la surface, sortez le poulet de bouillon et égouttez-le. Réservez 20 cl du bouillon pour la sauce. Congelez le reste.

2 Pour la sauce, faites chauffer l'huile dans une casserole et mettez-y à revenir le reste de l'oignon 5 à 8 min jusqu'à ce qu'il soit tendre et légèrement doré. Ajoutez le curry et laissez cuire 1 min sans cesser de remuer. Versez le bouillon de poulet réservé, puis le concentré de tomate. Couvrez et laissez mijoter 10 min.

3 Pendant ce temps, mettez les abricots dans une petite casserole avec juste assez d'eau pour les recouvrir, et faites mijoter 15 min. Égouttez en réservant 1 c. à s. du liquide. Mixez les abricots avec le liquide réservé, puis filtrez à travers un tamis pour obtenir 1 c. à s. de purée.

4 Retirez la sauce au curry du feu, ajoutez le sucre et laissez-le fondre en remuant. Filtrez à travers un tamis, en pressant avec une cuillère en bois, ajoutez le jus de citron vert, la purée d'abricot, remuez et laissez refroidir.

5 Mélangez la mayonnaise et le fromage frais, et incorporez le tout à la sauce froide. Poivrez à votre goût.

6 Coupez les oignons nouveaux en julienne. Placez-les dans un bol d'eau glacée pour qu'ils se recourbent. Enlevez la peau du poulet, détaillez la viande en gros morceaux en éliminant les os et coupez les blancs en lanières épaisses. Mélangez le poulet avec la sauce au curry, la coriandre et la plus grosse partie de la mangue. Disposez le cresson dans un plat et placez le poulet dessus. Décorez avec le reste de la mangue et les oignons nouveaux.

On a réduit les matières grasses en remplaçant une partie de la mayonnaise par du fromage frais à 0 %.

•

Pocher le poulet et ôter la peau aident à réduire le gras.

•

En ajoutant de la coriandre, de la mangue et du cresson, on a accentué la saveur.

Salade grecque

On apprécie la fraîcheur et les ingrédients bons pour la santé de cette salade croquante. Pour compenser le niveau de sel des olives et de la feta, ainsi que la quantité d'huile de l'assaisonnement, quelques ajustements et ingrédients supplémentaites sont nécessaires.

	Classique	Allégée
Kcal	350	254
Lipides	30,9 g	18,6 g
Acides gras saturés	9,8 g	6,3 g
Sel	2,2 g	1,7 g

254 kcal par personne

Protéines : 8,7 g ; glucides : 12,8 g ; lipides : 18,6 g ; acides gras saturés : 6,3 g ; fibres : 5,6 g ; sucre : 11,1 g ; sel : 1,7 g

Pour 4 personnes

Préparation : 20 minutes, plus refroidissement et marinade
Cuisson : 35 minutes

- 2 poivrons rouges
- 2 c. à s. d'huile d'olive vierge extra
- 1 c. à s. d'huile de colza
- 1½ c. à s. de jus de citron
- ½ c. à c. d'origan séché
- ½ concombre
- 450 g de tomates mûres
- 85 g de cresson
- ½ petit oignon rouge finement haché
- 12 olives kalamata
- 140 g de feta
- 2 brins d'origan et de menthe frais, feuilles grossièrement hachées
- sel, poivre noir fraîchement moulu

1 Préchauffez le four à 200 °C (th. 6-7), ou 180 °C (th. 6) en chaleur tournante. Tapissez la plaque du four de papier sulfurisé, placez-y les poivrons entiers et laissez-les rôtir 35 min, en les retournant à l'occasion, jusqu'à ce qu'ils aient ramolli et que la peau ait noirci.

2 Transférez les poivrons dans un bol supportant la chaleur, couvrez d'un film alimentaire et réservez. Quand les poivrons ont suffisamment refroidi pour les manipuler, enlevez la peau – l'opération est facilitée par la vapeur qui s'est formée dans le récipient. Ouvrez les poivrons, recueillez le jus éventuel dans le bol et retirez les graines. Coupez les poivrons en lanières et placez-les dans un plat non métallique.

3 Versez les huiles et le jus de citron dans le bol contenant le jus des poivrons. Mélangez, puis ajoutez l'origan séché, le poivre et une pincée de sel. Versez cet assaisonnement sur les poivrons, couvrez et laissez mariner au moins 15 min, toute une nuit si vous le voulez.

4 Pour servir, coupez grossièrement le concombre et les tomates. Hachez le cresson et répartissez-le dans 4 bols. Ajoutez le concombre, les tomates, l'oignon et les olives. Émiettez la feta au-dessus de chaque bol et complétez avec les poivrons marinés. Poivrez et parsemez d'origan et de menthe, puis attendez quelques minutes afin que les saveurs de la salade se mélangent avant de servir.

On a ajouté des poivrons pour la vitamine C et la saveur, et du cresson pour les vitamines A et K.

Chaudrée de poisson

Une belle recette pour un dîner simple et léger. Le vrai bonus ici est un bouillon crémeux contenant beaucoup moins d'acides gras saturés que la recette classique réalisée avec de la crème épaisse. L'ajout de thym frais, de piment et de prosciutto donne un petit plus original au plat, tout en réduisant la quantité de sel.

	Classique	Allégée
Kcal	482	398
Lipides	25,2 g	15,4 g
Acides gras saturés	11,2 g	3,3 g
Sel	2,2 g	0,9 g

398 kcal par personne

Protéines : 31,9 g ; glucides : 32,1 g ; lipides : 15,4 g ; acides gras saturés : 3,3 g ; fibres : 7,1 g ; sucre : 4,5 g ; sel 0,9 g

Pour 4 personnes

Préparation : 20 minutes
Cuisson : 35 minutes

- 1½ c. à s. d'huile de colza
- 3 tranches de prosciutto dégraissées et coupées en lanières
- 2 à 3 poireaux épluchés, lavés et finement détaillés
- 2 gousses d'ail finement hachées
- 3 brins de thym (de préférence du thym-citron), plus quelques feuilles pour garnir
- 2 feuilles de laurier
- 650 g de pommes de terre farineuses (type bintje) grattées, lavées et coupées en tranches de 5 mm d'épaisseur
- 60 cl de bouillon de légumes chaud
- 1 bonne pincée de piment en poudre
- 250 g de filets de saumon sans la peau
- 250 g de filets de lieu jaune ou de haddock
- 3 c. à s. de crème fraîche à 30 % de matières grasses
- sel, poivre noir fraîchement moulu
- ciboulette ciselée, pour garnir

1 Faites chauffer 1 c. à s. d'huile dans une sauteuse, ajoutez le prosciutto et laissez-le frire 2 min, jusqu'à ce qu'il soit croustillant. Sortez-le avec une écumoire en l'égouttant bien et réservez. Ajoutez le reste d'huile dans la sauteuse et faites revenir les poireaux avec l'ail, le thym et le laurier, 2 à 3 min, jusqu'à ce qu'ils commencent à ramollir.

2 Ajoutez les pommes de terre et laissez-les dorer 2 min, en remuant de temps en temps. Versez le bouillon et 10 cl d'eau bouillante pour couvrir les pommes de terre. Portez à ébullition et faites cuire 10 min à feu vif, sans couvrir, jusqu'à ce qu'elles soient presque cuites. Le bouillon doit avoir épaissi très légèrement. Ajoutez le piment, un peu de poivre et une pincée de sel.

3 Baissez le feu et déposez les filets de poisson sur les pommes de terre. Poivrez. Couvrez et laissez mijoter 5 min jusqu'à ce que le poisson soit presque cuit. Enlevez du feu et attendez 5 à 10 min. Retirez le thym et le laurier. Toujours en dehors du feu, incorporez peu à peu la crème fraîche.

4 Avant de servir, réchauffez doucement. Répartissez les pommes de terre et le poisson dans 4 assiettes creuses. Arrosez avec le bouillon et parsemez de ciboulette, de feuilles de thym et de prosciutto.

Tout comme le lieu jaune, le saumon apporte des oméga-3, bons pour le cœur.

PLATS SAVOUREUX POUR TOUS LES JOURS

Risotto à la courge et à la sauge

Un risotto italien constitue un choix judicieux et sain pour un déjeuner en famille. En réduisant les matières grasses, vous pouvez tout de même obtenir la riche onctuosité associée à ce plat convivial et savoureux.

	Classique	Allégée
Kcal	725	517
Lipides	32 g	15 g
Acides gras saturés	16 g	5 g
Sel	3,37 g	0,37 g

517 kcal par personne

Protéines : 15 g ; glucides : 85 g ; lipides : 15 g ; acides gras saturés : 5 g ; fibres : 5 g ; sucre : 10 g ; sel : 0,37 g

Pour 4 personnes

Préparation : 35 minutes
Cuisson : 35-40 minutes

- 2 l de bouillon de légumes sans sel ajouté
- 4 cèpes séchés coupés en tranches
- 2½ c. à s. d'huile d'olive
- 1 oignon finement haché
- 2 gousses d'ail finement hachées
- 6 feuilles de sauge finement ciselées, plus un peu pour garnir
- 2 brins de thym
- ½ courge butternut (700 g) pelée, épépinée et coupée en cubes de 2,5 cm
- 350 g de riz carnaroli ou arborio
- 10 cl de vin blanc sec
- 1 poignée de persil plat haché
- 50 g de parmesan râpé
- 2 c. à s. de mascarpone allégé
- poivre noir fraîchement moulu

1 Versez le bouillon dans une casserole, ajoutez les cèpes puis laissez mijoter.

2 Faites chauffer 2 c. à s. d'huile dans une grande casserole. Ajoutez l'oignon, l'ail, la sauge, le thym et les morceaux de courge. Laissez cuire 10 min à feu doux, jusqu'à ce que la courge soit presque tendre, en remuant de temps en temps pour l'empêcher d'attacher. Augmentez la température et versez le riz. Faites-le revenir 3 à 4 min sans cesser de mélanger. Il ne doit pas prendre couleur. Arrosez avec le vin et remuez encore 1 min.

3 Baissez le feu et incorporez petit à petit le bouillon chaud (sans les cèpes). Versez 1½ louche et mélangez en raclant les bords de la casserole. Quand la première louche de bouillon a été absorbée, ajoutez-en une autre en tournant pour que le risotto soit onctueux. Continuez à verser des louches de bouillon au fur et à mesure et à remuer après absorption du liquide. Au bout de 18 à 20 min, ajoutez une dernière louche et vérifiez la cuisson : le riz doit être moelleux avec un léger croquant. Poivrez. Ôtez la casserole du feu. Incorporez le reste de bouillon (il ne doit pas en rester beaucoup) pour que le risotto reste onctueux ; saupoudrez de persil haché et de la moitié du parmesan, puis ajoutez le mascarpone. Laissez reposer 3 à 4 min à couvert.

4 Faites chauffer le reste d'huile dans une petite poêle, ajoutez les dernières feuilles de sauge et faites-les revenir quelques secondes, jusqu'à ce qu'elles commencent à se colorer. Transférez-les sur du papier absorbant. Répartissez le risotto dans des bols, parsemez du reste de parmesan et ajoutez la sauge croustillante.

On a remplacé une partie du parmesan par du mascarpone allégé.

Moussaka

Avec ses couches de viande hachée, ses aubergines et sa béchamel au fromage, ce plat grec est particulièrement riche. Pourtant, on peut garder les aubergines sans les frire et utiliser moins de matières grasses. Dans notre version allégée, les ingrédients restent complémentaires, la garniture est piquante, la viande légère et épicée, et les aubergines bien tendres.

	Classique	Allégée
Kcal	820	325
Lipides	58 g	15 g
Acides gras saturés	24 g	5 g
Sel	1,06 g	0,65 g

325 kcal par personne

Protéines : 28 g ; glucides : 19 g ; lipides : 15 g ; acides gras saturés : 5 g ; fibres : 6 g ; sucre : 14 g ; sel : 0,65 g

Pour 6 personnes

Préparation : 30 minutes
Cuisson : 2 h 05

- 2½ c. à s. d'huile d'olive
- 1 oignon haché
- 2 grosses gousses d'ail finement hachées
- 2 grosses carottes (350 g environ) coupées en morceaux
- 450 g de viande de bœuf hachée à 5 % de matières grasses
- 10 cl de vin blanc sec
- 1 c. à c. de cannelle en poudre, plus un peu pour garnir
- ¼ c. à c. de quatre-épices en poudre
- 400 g de tomates en boîte
- 2 c. à s. de concentré de tomate
- 1 c. à s. bombée de feuilles d'origan
- 2 bonnes poignées de persil plat haché, plus un peu pour garnir
- 1 c. à s. de jus de citron
- 3 aubergines épluchées (environ 750 g)
- poivre noir fraîchement moulu

Pour la béchamel

- 2 œufs
- 1 c. à s. de Maïzena
- 300 g de yaourt à la grecque à 10 % de matières grasses
- 50 g de parmesan râpé
- sel, poivre noir fraîchement moulu

1 Faites chauffer 1 c. à s. d'huile dans une sauteuse et mettez-y à revenir l'oignon et l'ail 6 à 8 min, jusqu'à ce qu'ils soient dorés. Ajoutez les carottes, faites-les sauter 2 min, puis incorporez la viande. Laissez cuire à feu vif en remuant jusqu'à ce qu'elle ne soit plus rose.

2 Versez le vin et faites mijoter jusqu'à ce que la plupart du liquide se soit évaporé. Ajoutez la cannelle et le quatre-épices, les tomates et leur jus, le concentré de tomate et 1 c. à s. d'eau. Écrasez les tomates, poivrez, ajoutez l'origan et la moitié du persil, puis couvrez et laissez mijoter 50 min, en remuant de temps en temps. Assaisonnez à votre goût. Incorporez le persil restant. Cette préparation peut être réalisée la veille et conservée au réfrigérateur toute une nuit.

3 Préparez les aubergines. Préchauffez le four à 200 °C (th. 6-7), ou 180 °C (th. 6) en chaleur tournante. Graissez 2 plaques de four avec un peu de l'huile restante et mélangez le reste avec le jus de citron. Coupez les aubergines dans la longueur en tranches de 1 cm d'épaisseur, puis placez-les sur les plaques huilées. Badigeonnez-les avec le mélange d'huile et de citron et poivrez. Enfournez 20 à 25 min, jusqu'à ce qu'elles soient tendres, puis réservez. Baissez la température du four à 180 °C (th. 6), ou 160 °C (th. 5-6) en chaleur tournante.

4 Étalez une couche de préparation à la viande au fond d'un plat allant au four (environ 28 x 20 x 6 cm). Placez ensuite les aubergines en les faisant se chevaucher. Recouvrez avec le reste de viande hachée.

5 Battez les œufs dans un saladier. Dans un bol, délayez la Maïzena avec un peu de yaourt avant d'ajouter le reste du pot. Mélangez cette préparation et la moitié du parmesan avec les œufs battus. Poivrez. Étalez le tout sur la viande pour la recouvrir. Répartissez le reste du fromage, saupoudrez de cannelle et poivrez. Enfournez le plat et laissez cuire 50 min à 1 h, jusqu'à ce que la surface bouillonne et se mette à dorer.

6 Laissez reposer 8 à 10 min, puis parsemez de persil haché. Découpez en parts et servez avec une salade de tomates, d'oignon rouge et de roquette.

On a utilisé du bœuf à 5 % et on a complété par des carottes pour réduire la teneur en matières grasses.

•

Les aubergines ont cuit au four, pour réduire l'huile de cuisson.

•

On a opté pour une sauce béchamel revisitée à base de yaourt à la grecque.

•

Épices, herbes fraîches et vin donnent plus de saveur à la sauce à la viande, sans avoir à ajouter de sel.

Fish and chips

Pour rendre cette recette typique de fast-food anglais plus saine, aucune concession sur le goût et la texture n'était possible, car c'est le croustillant donné par la friture qui rend ce plat si populaire. Dans cette version, le poisson et les frites restent appétissants, tout en étant beaucoup moins gras.

	Classique	Allégée
Kcal	915	649
Lipides	36 g	27 g
Acides gras saturés	11,5 g	4 g
Sel	2,1 g	0,87 g

649 kcal par personne

Protéines : 41 g ; glucides : 64 g ; lipides : 27 g ; acides gras saturés : 4 g ; fibres : 7 g ; sucre : 4 g ; sel : 0,87 g

Pour 4 personnes

Préparation : environ 25 minutes
Cuisson : 40 minutes

Pour les frites

- 800 g de pommes de terre de même taille
- 2 c. à s. d'huile d'olive

Pour les petits pois

- 300 g de petits pois congelés
- 1 c. à s. d'huile d'olive
- 2 c. à c. de jus de citron
- poivre noir fraîchement moulu

Pour le poisson

- 4 morceaux de haddock sans la peau, de merlu ou de cabillaud d'environ 160 g chacun
- 50 g de farine, plus 1 c. à s.
- 50 g de Maïzena
- 1 blanc d'œuf
- 12,5 cl d'eau gazeuse glacée
- 60 cl d'huile de tournesol, pour la friture
- 1 citron coupé en quartiers
- sel, poivre noir fraîchement moulu

1 Lavez et grattez les pommes de terre, puis coupez-les en bâtonnets de 1,5 cm d'épaisseur. Mettez les frites dans une grande casserole, recouvrez d'eau à hauteur et portez à ébullition, puis réduisez la chaleur et laissez mijoter 4 min. Égouttez les frites et déposez-les sur un torchon propre pour les sécher. Laissez refroidir. Cette opération peut être faite 1 ou 2 h à l'avance.

2 Préchauffez le four à 220 °C (th. 7-8), ou 200 °C (th. 6-7) en chaleur tournante. Mettez 1 c. à s. d'huile d'olive dans un grand plat antiadhésif allant au four et enfournez-le 10 min.

3 Transférez les frites dans un saladier, versez le reste de l'huile et remuez-les avec vos mains pour bien les enrober. Déposez-les en une seule couche dans le plat sorti du four. Laissez-les rôtir 10 min, puis retournez-les. Remettez-les au four 5 à 8 min. Renouvelez l'opération jusqu'à ce qu'elles soient croustillantes. Égouttez-les sur du papier absorbant.

4 Pendant la cuisson des frites au four, décongelez les petits pois à l'eau bouillante pendant 4 min, puis égouttez-les et remettez-les dans la casserole vide. Mélangez-les avec l'huile, le jus de citron et le poivre fraîchement moulu. Couvrez et réservez.

5 Essuyez les filets de poisson avec du papier absorbant. Mettez 1 c. à s. de farine dans un plat. et passez-y les filets. Mélangez le reste de farine, la Maïzena, une pincée de sel et un peu de poivre. Montez le blanc d'œuf en neige. Versez l'eau gazeuse dans le mélange de farine, en remuant doucement, sans chercher à ce que la pâte soit tout à fait lisse. Incorporez le blanc en neige en fouettant légèrement. Gardez autant de bulles que possible, la pâte doit rester aérienne.

6 Versez l'huile de friture dans un wok antiadhésif ou une sauteuse et chauffez-la à 200 °C (utilisez un thermomètre de façon à vérifier que la température ne varie pas). Faites cuire 2 filets de poisson à la fois ; trempez-les dans la pâte pour les enrober puis, à l'aide d'une écumoire, plongez-les dans l'huile bouillante. Laissez frire 5 à 6 min, en vous assurant que la température de l'huile reste à 200 °C. Retournez le poisson à mi-cuisson, pour qu'il soit uniformément doré. Égouttez les 2 filets sur du papier absorbant et réservez au chaud. Renouvelez l'opération avec les 2 autres après avoir vérifié la température de l'huile. Réchauffez les petits pois et servez-les avec le poisson, les frites et les quartiers de citron.

La peau des pommes de terre contient des fibres.

•

Pour réduire les matières grasses,
les frites ont cuit au four.

•

On a épongé le poisson ainsi que les frites après cuisson,
pour éliminer le plus de matières grasses possible.

•

Une pâte de type tempura permet de limiter les lipides.

•

Les petits pois et le citron apportent de la vitamine C.

Croquettes de poisson

Il est difficile d'obtenir une croquette de poisson dorée et croustillante à souhait sans utiliser quantité de beurre ou d'huile. En modifiant simplement la méthode de cuisson, c'est-à-dire en utilisant le four et non la poêle à frire, la recette a été considérablement allégée en matières grasses.

	Classique	Allégée
Kcal	370	239
Lipides	17,9 g	5 g
Acides gras saturés	4,6 g	0,6 g
Sel	1,9 g	0,7 g

239 kcal par personne

Protéines : 25,8 g ; glucides : 22,6 g ; lipides : 5 g ; acides gras saturés : 0,6 g ; fibres : 1,9 g ; sucre : 0,9 g ; sel : 0,7 g

Pour 4 personnes

Préparation : 35 minutes, plus refroidissement et réfrigération
Cuisson : 30 minutes

Afin de réduire la quantité d'huile et abaisser le niveau de lipides, on a fait cuire les croquettes au four sur une plaque antiadhésive.

- 1 c. à s. d'huile de colza, plus un peu pour la feuille de papier sulfurisé
- 450 g de filets de haddock sans la peau
- 300 g de pommes de terre farineuses (type bintje), coupées en morceaux de 4 cm
- 1 c. à s. de persil haché
- 2 c. à s. de ciboulette ciselée
- ½ c. à c. de zeste de citron finement râpé
- 1 c. à c. de câpres égouttées et finement hachées
- ½ c. à c. de moutarde de Dijon
- 1 œuf
- 50 g de chapelure fraîche
- 1½ c. à c. de farine
- sel, poivre noir fraîchement moulu
- quartiers de citron pour servir

1 Préchauffez le four à 200 °C (th. 6-7), ou 180 °C (th. 6) en chaleur tournante. Graissez le centre d'une grande feuille de papier sulfurisé avec un peu d'huile. Placez-y les filets de poisson, poivrez-les et refermez hermétiquement la papillote. Placez-la sur la plaque de four et laissez cuire 12 à 15 min. Ouvrez la papillote et laissez refroidir.

2 Pendant ce temps, faites cuire les pommes de terre à l'eau bouillante 10 à 12 min, jusqu'à ce qu'elles soient tendres. Égouttez, remettez-les dans la casserole vide et laissez-les sécher 1 min à feu très doux, puis sortez-les et écrasez-les à la fourchette. Incorporez le persil, la ciboulette, le zeste de citron, les câpres et la moutarde, poivrez et ajoutez une pincée de sel.

3 Sortez le poisson de sa papillote et émiettez-le en gros morceaux. Mélangez-les délicatement aux pommes de terre sans les écraser. Laissez refroidir.

4 Battez l'œuf dans un bol et étalez la chapelure dans une assiette. Faites 4 parts du mélange poisson-pommes de terre. Sur une surface légèrement farinée, formez 4 croquettes de 2,5 cm d'épaisseur. Passez-les dans l'œuf, puis la chapelure. Tapotez-les pour faire adhérer la chapelure et leur donner une forme régulière, et réservez 20 minutes ou toute une nuit au réfrigérateur.

5 Préchauffez le four à 190 °C (th. 6-7), ou 170 °C (th. 5-6) en chaleur tournante. Formez quatre petits cercles d'huile sur une plaque antiadhésive (dotée de rigoles sur le côté pour recueillir l'huile lors de la cuisson). Placez chaque croquette sur un cercle et arrosez-la d'un tout petit peu d'huile. Enfournez 10 min, retournez-les quand elles sont dorées et laissez cuire encore 5 à 8 min, jusqu'à ce que l'autre côté dore aussi. Servez avec les quartiers de citron.

½ ¼

Quiche lorraine

Beurre, crème, lardons et œufs sont riches en matières grasses, tout comme la pâte, indispensable à la recette. Toutefois, il y a des moyens d'équilibrer les bonnes graisses pour obtenir une quiche allégée et savoureuse.

	Classique	Allégée
Kcal	525	272
Lipides	45 g	17 g
Acides gras saturés	25 g	6 g
Sel	1,21 g	0,92 g

272 kcal par personne

Protéines : 13 g ; glucides : 19 g ; lipides : 17 g ; acides gras saturés : 6 g ; fibres : 1 g ; sucre : 2 g ; sel : 0,92 g

Pour 8 personnes

Préparation : 35 minutes, plus réfrigération
Cuisson : 25-30 minutes, plus 15-20 minutes pour la pâte

Pour la pâte

- 175 g de farine, plus un peu pour le plan de travail
- 6 c. à s. de yaourt à la grecque
- 4 c. à s. d'huile d'olive vierge extra
- 1 gousse d'ail finement écrasée
- sel, poivre noir fraîchement moulu

Pour la garniture

- 175 g de jambon maigre dégraissé (en 1 tranche épaisse d'environ 1,5 cm)
- 50 g de gruyère
- 3 œufs
- 20 cl de crème fraîche à 30 % de matières grasses
- 12,5 cl de lait entier
- 1 bonne pincée de noix de muscade fraîchement râpée, plus un peu pour saupoudrer
- sel, poivre noir fraîchement moulu

1 Pour la pâte, mettez la farine dans un saladier avec le yaourt, l'huile, l'ail et une pincée de sel. Poivrez généreusement. Mélangez le tout puis pétrissez jusqu'à obtenir une consistance lisse.

2 Étalez la pâte aussi finement que possible sur une surface légèrement farinée, et foncez-en une tourtière crénelée à fond amovible de 23 cm de diamètre et 2,5 cm de haut. Égalisez les bords avec des ciseaux de façon à ce que la pâte dépasse légèrement du moule. Piquez le fond avec une fourchette et réservez 10 min au réfrigérateur. Préchauffez le four à 200 °C (th. 6-7), ou 180 °C (th. 6) en chaleur tournante.

3 Recouvrez la pâte de papier sulfurisé et remplissez de haricots secs ou de billes de cuisson. Enfournez 15 min, puis enlevez avec précaution le papier et les haricots ou les billes, et poursuivez la cuisson 5 à 7 min jusqu'à ce que la pâte soit bien cuite et légèrement dorée. Sortez-la du four.

4 Pour la garniture, coupez le jambon et la moitié du gruyère en cubes. Râpez le reste du fromage. Battez les œufs à la fourchette et incorporez la crème fraîche, puis le lait. Assaisonnez avec du poivre et de la noix de muscade.

5 Répartissez le jambon et le gruyère sur la pâte. Versez le mélange d'œufs et ajoutez encore un peu de noix de muscade. Mettez la quiche au four 25 à 30 min, après avoir baissé la température à 190 °C (th. 6-7), ou 170 °C (th. 5-6) en chaleur tournante, jusqu'à ce qu'elle soit gonflée et dorée. Laissez-la reposer 5 min avant de la démouler. Servez-la pendant qu'elle est encore chaude et moelleuse, mais elle est également délicieuse froide.

Pour alléger la pâte, on a remplacé le beurre par de l'huile d'olive et du yaourt à la grecque.

PYREX

Poulet korma

Le défi avec cette recette était d'obtenir une sauce onctueuse sans crème, mais aussi de trouver dans la tradition orientale des moyens authentiques de l'alléger. Le résultat épicé et aromatique constitue une belle réussite.

	Classique	Allégée
Kcal	613	402
Lipides	34 g	12 g
Acides gras saturés	20 g	3 g
Sel	0,42 g	0,35 g

402 kcal par personne

Protéines : 43 g ; glucides : 33 g ; lipides : 12 g ; acides gras saturés : 3 g ; fibres : 1 g ; sucre : 7 g ; sel : 0,35 g

Pour 4 personnes

Préparation : 15 minutes
Cuisson : 45 minutes

- 2 c. à s. d'huile
- 2 oignons hachés
- 5 gousses de cardamome
- 3 gousses d'ail finement hachées
- 1 morceau de 2,5 cm de gingembre frais pelé et finement haché
- 1 bâton de cannelle
- 600 g de blancs de poulet coupés en petits morceaux
- 2 c. à c. de coriandre en poudre
- 1½ c. à c. de garam masala
- ¼ c. à c. de macis en poudre
- ¼ c. à c. de poivre noir moulu
- 15 cl de yaourt nature à température ambiante
- 10 cl de lait entier
- 2 petits piments verts épépinés et émincés
- 1 poignée de coriandre fraîche, feuilles et tiges grossièrement hachées
- 1 c. à s. d'amandes effilées grillées
- 250 g de riz basmati cuit avec 1 pincée de filaments de safran pour accompagner
- sel

1 Faites chauffer 1 c. à s. d'huile dans une sauteuse, ajoutez les oignons et faites-les revenir à feu moyen 12 à 15 min, en remuant de temps en temps jusqu'à ce qu'ils soient bien dorés. Entaillez chaque gousse de cardamone dans la longueur, juste assez pour faire apparaître les graines. Enlevez les oignons du feu et prélevez-en un tiers pour le mixer avec l'ail, le gingembre et 2 c. à s. d'eau, jusqu'à obtenir une pâte lisse. Réservez.

2 Remettez la sauteuse sur le feu, mettez-y le reste d'huile, les gousses de cardamone et le bâton de cannelle et laissez frire 2 min en remuant. Ajoutez les morceaux de poulet, la coriandre, 1¼ c. à c. de garam masala, le macis et le poivre, et faites revenir 2 min sans cesser de mélanger. Réservez 3 c. à s. du yaourt et ajoutez le reste, 1 c. à s. à la fois, en remuant entre chaque cuillerée.

3 Incorporez la pâte d'oignon et laissez cuire 2 à 3 min en remuant. Versez 15 cl d'eau et le lait. Portez à ébullition, puis laissez mijoter 20 min à couvert, en ajoutant les piments 5 min avant la fin de la cuisson. Enlevez les gousses de cardamone et le bâton de cannelle. Les saveurs se mélangeront encore mieux si vous réservez le plat au réfrigérateur pendant une nuit.

4 Juste avant de servir, réchauffez doucement, en ajoutant un peu d'eau si la sauce est trop épaisse. Ajoutez la coriandre fraîche hachée. Goûtez et rectifiez l'assaisonnement en sel si nécessaire. Incorporez le yaourt réservé. Répartissez le korma dans des bols, saupoudrez de quelques amandes grillées et du garam masala restant. Servez avec le riz au safran.

Le secret consiste à remplacer la crème ou le lait de coco par du lait et du yaourt.

Lasagnes

Dans cette version rapide et facile, le nombre de couches est réduit, mais le plat garde son aspect et son goût traditionnels. Une recette simple pour un repas familial et diététique !

	Classique	Allégée
Kcal	770	447
Lipides	50 g	19 g
Acides gras saturés	26 g	9 g
Sel	1,99 g	0,96 g

447 kcal par personne

Protéines : 38 g ; glucides : 31 g ; lipides : 19 g ; acides gras saturés : 9 g ; fibres : 4 g ; sucre : 9 g ; sel : 0,96 g

Pour 6 personnes

Préparation : 35-40 min
Cuisson : 1 h 50

Pour les couches à la viande

- 1 c. à s. d'huile d'olive
- 1 oignon haché
- 2 carottes coupées en petits cubes
- 3 grosses gousses d'ail finement hachées
- 250 g de rumsteck maigre très finement haché
- 250 g de porc maigre haché
- 10 cl de vin rouge
- 2 c. à s. de concentré de tomate
- 400 g de tomates en boîte
- ½ c. à c. de noix de muscade râpée
- 1 poignée de feuilles de basilic hachées

Pour les autres couches

- 300 g de feuilles d'épinards
- 1 œuf
- 250 g de ricotta
- 1 poignée de feuilles de persil
- 1 pincée de noix de muscade râpée
- 6 grandes feuilles de lasagnes non précuites (environ 175 g)
- 125 g de mozzarella de bufflonne de préférence, grossièrement coupée
- 50 g de parmesan grossièrement râpé
- 200 g de tomates cerises
- feuilles de basilic et salade verte, pour servir
- sel, poivre noir fraîchement moulu

1 Commencez par la préparation à la viande. Faites chauffer l'huile dans une grande sauteuse et mettez-y l'oignon à revenir 5 min jusqu'à ce qu'il soit doré, puis les carottes et l'ail, et laissez cuire encore 2 min. Mélangez le rumsteck et le porc. Ajoutez la viande aux légumes en l'émiettant au-dessus de la sauteuse. Faites cuire à feu vif jusqu'à ce qu'elle ne soit plus rose et laisse échapper son jus. Versez alors le vin en remuant et en raclant le fond de la sauteuse, puis laissez cuire 1 à 2 min, pour faire réduire le liquide.

2 Incorporez le concentré de tomate, les tomates et 2 c. à s. d'eau. Mélangez, assaisonnez avec la noix de muscade et un peu de poivre, couvrez et laissez mijoter 1 h, en remuant de temps en temps. Goûtez et salez si nécessaire, puis ajoutez le basilic. Cette préparation peut se conserver un jour au réfrigérateur.

3 Pendant ce temps, préparez les autres couches. Mettez les épinards dans un grand saladier, arrosez-les d'eau bouillante, égouttez-les dans une passoire et passez-les sous l'eau froide pour les refroidir. Pressez-les pour en extraire toute l'eau. Battez l'œuf dans un bol, puis mixez-le avec la ricotta, le persil, la pincée de noix de muscade et du poivre.

4 Faites tremper les feuilles de lasagnes dans de l'eau bouillante sur une seule couche pendant 5 min. Sortez-les avec une écumoire et égouttez-les bien. Préchauffez le four à 200 °C (th. 6-7), ou 180 °C (th. 6) en chaleur tournante.

5 Étalez l'équivalent de quelques cuillerées de viande hachée dans un plat de 20 x 28 cm allant au four. Posez dessus 2 feuilles de lasagnes, puis ajoutez la moitié de la préparation à la viande et recouvrez avec 2 autres feuilles de lasagnes. Répartissez les épinards sur la surface, ajoutez le mélange à la ricotta et terminez avec les 2 dernières feuilles de lasagnes. Étalez le restant de la viande hachée, saupoudrez de mozzarella et de parmesan, puis ajoutez les tomates cerises et un peu de poivre. Recouvrez le plat de papier d'aluminium.

6 Enfournez 35 min, puis enlevez le papier d'aluminium et remettez 5 à 10 min au four. Avant de servir, attendez quelques minutes puis saupoudrez de basilic. Accompagnez d'une salade verte.

D'AUTRES MANIÈRES D'UTILISER...

La préparation à la viande
Servez-la comme sauce bolognaise avec des spaghettis ou des tagliatelles.

Pour réduire les lipides, on a remplacé le bœuf haché par un mélange de porc maigre haché et de rumsteck, et on a utilisé moins d'huile.

•

Cette version est bien plus équilibrée grâce aux légumes ajoutés : épinards, carottes et tomates.

•

On a remplacé la béchamel par un mélange œuf-ricotta.

Sauté de porc

Parfait pour un repas à deux, le sauté fait partie des plats les plus rapides à préparer. Pour éviter qu'il ne soit trop riche en gras et en sel, deux solutions : choisir le morceau de viande avec soin et ne pas utiliser trop de sauce soja. Dans cette version, les quantités de matières grasses et de sel sont largement réduites sans que le plat y perde en saveur.

	Classique	Allégée
Kcal	348	230
Lipides	22,7 g	8,8 g
Acides gras saturés	6,5 g	1,8 g
Sel	4,1 g	1,3 g

230 kcal par personne

Protéines : 31,8 g ; glucides : 6 g ; lipides : 8,8 g ; acides gras saturés : 1,8 g ; fibres : 3,4 g ; sucre : 2,9 g ; sel : 1,3 g

Pour 2 personnes

Préparation : 25 minutes
Cuisson : 10 minutes

- 1 c. à c. de vin de riz ou de sherry sec
- 1 c. à s. de sauce soja foncée
- ½ c. à c. de cinq-épices
- 1 c. à c. de Maïzena
- 250 g de filet de porc dégraissé, coupé en longues lanières de 5 à 7 cm
- 5 oignons nouveaux épluchés
- 6 pointes d'asperges
- 100 g de pak-choï (chou chinois)
- 85 g de fleurettes de brocoli
- 1 c. à c. d'huile d'arachide
- 2 c. à c. de gingembre frais râpé
- 2 gousses d'ail finement hachées
- ½ c. à c. d'huile de sésame
- 1 c. à c. de graines de sésame grillées
- poivre noir fraîchement moulu

1 Mélangez dans un plat creux le vin de riz ou le sherry, la sauce soja, le cinq-épices, la Maïzena et un tour de moulin à poivre. Ajoutez le porc, remuez, couvrez et laissez mariner pendant la préparation des légumes.

2 Tranchez les oignons nouveaux et les asperges en biais en morceaux de 5 cm. Coupez le pak-choï en morceaux de 2,5 cm et les fleurettes de brocoli en morceaux de 5 cm. Faites cuire les asperges et les brocolis à la vapeur 2 min, puis ajoutez le pak-choï et poursuivez la cuisson 1 à 1½ min. Retirez-les.

3 Dans un wok ou une grande poêle antiadhésive, faites chauffer l'huile d'arachide, mettez-y le porc à dorer 2 min jusqu'à ce qu'il soit presque cuit et brunisse. Ajoutez les oignons nouveaux, le gingembre et l'ail, et faites-les revenir 2 min. Versez 12,5 cl d'eau, puis incorporez les légumes cuits à la vapeur et faites-les réchauffer rapidement. Pour allonger la sauce, utilisez un peu d'eau. Servez arrosé avec l'huile de sésame et saupoudré de graines de sésame.

On a réduit le sel en mettant moins de sauce soja et en ajoutant le cinq-épices pour la saveur. La sauce soja foncée ayant un goût plus intense, on l'a allongée avec un peu d'eau.

Tourte à la viande

Une viande mijotée dans une sauce riche en légumes sous une pâte généreuse et goûteuse, voilà l'atout de cette tourte originale, bonne pour la santé tout en restant appétissante et copieuse.

	Classique	Allégée
Kcal	683	373
Lipides	41 g	14 g
Acides gras saturés	22 g	5 g
Sel	1,22 g	0,42 g

373 kcal par personne

Protéines : 33 g ; glucides : 28 g ; lipides : 14 g ; acides gras saturés : 5 g ; fibres : 3 g ; sucre : 7 g ; sel : 0,42 g

Pour 6 personnes

Préparation : 30 minutes
Cuisson : 2 h 15

Pour la garniture

- 200 g de rognons d'agneau coupés en deux
- 1 c. à s. d'huile de colza
- 2 oignons hachés
- 2 feuilles de laurier
- 4 brins de thym
- 600 g de bœuf à ragoût maigre coupé en morceaux
- 10 cl de vin rouge
- 2 c. à c. de concentré de tomate
- 1 c. à c. de moutarde douce
- 2 c. à s. de farine
- 1 carotte coupée en petits cubes
- 4 champignons plats (pleurotes) coupés en tranches épaisses
- 175 g de champignons de Paris coupés en deux ou en quatre
- 3 c. à s. de persil haché

Pour la pâte

- 140 g de farine, plus un peu pour le plan de travail
- 1 c. à c. de feuilles de thym
- 25 g de beurre très froid
- 4 c. à s. de yaourt à la grecque à 10 % de matières grasses
- 2 c. à s. d'huile d'olive vierge extra
- sel, poivre noir fraîchement moulu

1 Coupez les rognons et débarrassez-les des parties nerveuses. Rincez-les à l'eau froide jusqu'à ce que l'eau soit claire ; épongez-les, puis coupez-les en petits morceaux. Faites chauffer l'huile dans une grande sauteuse. Ajoutez les oignons, le laurier et le thym et laissez cuire à feu moyen 8 à 10 min, jusqu'à ce que les oignons soient bien dorés. Mélangez souvent.

2 Ajoutez le bœuf et les rognons dans la sauteuse et faites-les revenir, jusqu'à ce qu'ils ne soient plus roses. Augmentez la chaleur, versez le vin en grattant le fond de la sauteuse pour détacher les sucs de cuisson, et laissez bouillir 2 à 3 min, jusqu'à ce que le liquide ait réduit. Incorporez le concentré de tomate et la moutarde, puis la farine en la tamisant. Remuez pendant quelques minutes.

3 Ajoutez 40 cl d'eau bouillante et remuez jusqu'à ce que le mélange commence à bouillir et épaissir. Ajoutez la carotte et les champignons, réduisez la chaleur et laissez mijoter 1 h à couvert, en remuant de temps en temps. Ôtez le couvercle, et laissez cuire 25 à 30 min, toujours à feu doux, jusqu'à ce que la viande soit très tendre et que la sauce ait légèrement épaissi.

4 Enlevez la sauteuse du feu et retirez le laurier et le thym. Ajoutez le persil, assaisonnez à votre goût, et transférez le contenu de la sauteuse dans une tourtière à haut bord, de 23 cm de diamètre. Laissez refroidir. Préchauffez le four à 200 °C (th. 6-7), ou 180 °C (th. 6) en chaleur tournante.

5 Pendant ce temps, préparez la pâte. Mettez la farine et le thym dans un bol, ajoutez le beurre en petits dés, le yaourt, l'huile, une pincée de sel et un bon tour de moulin à poivre noir. Mélangez les ingrédients avec 2 c. à c. d'eau froide, puis pétrissez la pâte avec les mains jusqu'à ce qu'elle soit lisse.

6 Sur une surface légèrement farinée, étalez la pâte en une abaisse un peu plus grande que la tourtière et déposez-la sur la viande. Coupez l'excédent de pâte et glissez le bord entre la viande et la tourtière. Faites 2 petites fentes au centre. Placez la tourte sur la plaque du four et laissez cuire 25 min jusqu'à ce que la pâte soit dorée.

Pour diminuer les matières grasses, on a choisi du bœuf maigre, et en plus petite quantité.

•

Une astuce pour alléger la pâte : remplacer une partie du beurre par de l'huile d'olive et un yaourt.

•

Pour intensifier les saveurs sans ajouter de sel, on a utilisé des herbes, du vin, du concentré de tomate et de la moutarde.

•

On a ajouté des champignons et une carotte.

Poulet croustillant

Si vous aimez le poulet frit, vous serez étonné par cette version beaucoup moins riche en lipides que l'originale. Le poulet est frit rapidement avant d'être mis au four, ce qui réduit la quantité de matières grasses utiles. Plus vous laisserez les morceaux de volaille mariner dans le babeurre, plus ils seront tendres et juteux. Ce plat est délicieux servi avec du coleslaw.

	Classique	Allégée
Kcal	412	319
Lipides	22,7 g	10,5 g
Acides gras saturés	6 g	1,1 g
Sel	3,5 g	0,7 g

319 kcal par personne

Protéines : 37,1 g ; glucides : 18,6 g ; lipides : 10,5 g ; acides gras saturés : 1,1 g ; fibres : 0,8 g ; sucre : 2,2 g ; sel : 0,7 g

Pour 4 personnes

Préparation : 15 minutes, plus marinade
Cuisson : 25 minutes

- 5 cl de babeurre
- 2 gousses d'ail écrasées
- 4 filets de poulet (environ 550 g)
- 50 g de chapelure japonaise Panko
- 2 c. à s. de farine
- ½ c. à c. de paprika en poudre
- ¼ de c. à c. de moutarde douce
- ¼ de c. à c. de thym
- ¼ de c. à c. de piment fort en poudre
- ½ c. à c. de poivre noir moulu
- 1 pincée de sel de mer fin
- 3 c. à s. d'huile de colza
- salade de coleslaw croquante (voir page 63), pour accompagner

1 Pour la marinade, versez le babeurre dans un grand plat et ajoutez l'ail. Coupez le poulet en gros morceaux de 10 cm de long sur 3 à 4 cm de large. Mettez-les dans le plat et retournez-les afin qu'ils soient uniformément enrobés de babeurre. Couvrez et réservez au réfrigérateur 1 à 2 h, ou toute une nuit.

2 Faites chauffer une poêle antiadhésive et mettez-y la chapelure et la farine à griller 2 à 3 min, en remuant régulièrement afin qu'elles brunissent de façon homogène sans brûler. Transvasez-les dans un bol avec le paprika, la moutarde, le thym, le piment, le poivre et le sel de mer. Réservez.

3 Préchauffez le four à 230 °C (th. 7-8), ou 210 °C (th. 7) en chaleur tournante. Recouvrez une plaque allant au four d'une feuille d'aluminium et posez au-dessus une grille. Dans un sachet en plastique de taille moyenne, transférez la moitié du mélange de chapelure et ajoutez la moitié du poulet. Fermez le sachet et secouez-le bien afin que les morceaux de poulet soient entièrement recouverts de chapelure assaisonnée.

4 Sortez le poulet du sachet. Faites chauffer 1 c. à s. d'huile dans une grande poêle antiadhésive, ajoutez les morceaux de poulet et faites-les frire 1½ min sans les remuer. Retournez-les, ajoutez ½ c. à s. d'huile pour recouvrir le fond de la poêle et laissez cuire 1 min de plus, de façon à ce qu'ils soient bien dorés des deux côtés. Transférez-les sur la grille. Renouvelez l'opération avec le reste du poulet.

5 Enfournez 15 min, jusqu'à ce que les morceax de poulet soient cuits et croustillants. Servez avec une salade de coleslaw croquante (voir recette page ci-contre).

Pour un enrobage moins gras, on a utilisé du babeurre.

•

La chapelure Panko, une chapelure japonaise séchée, absorbe moins de gras que la chapelure ordinaire et reste légère et croustillante une fois cuite.

Coleslaw croquant

Le coleslaw accompagne les burgers et les ailes de poulet frites, mais n'est pas idéal pour la santé. Cette version plus légère garde le crémeux et le croquant de la recette classique, tout en supprimant la mayonnaise.

	Classique	Allégée
Kcal	189	123
Lipides	17,3 g	7,2 g
Acides gras saturés	2,6 g	1,6 g
Sel	1,5 g	0,4 g

123 kcal par personne

Protéines : 4,1 g ; glucides : 10,1 g ; lipides : 7,2 g ; acides gras saturés : 1,6 g ; fibres : 4,7 g ; sucre : 8,7 g ; sel : 0,4 g

Pour 4 personnes

Préparation : 20 minutes, plus refroidissement

- ½ petit chou blanc (300 g)
- 2 carottes grossièrement râpées (175 g)
- 6 oignons nouveaux épluchés et coupés
- 2 c. à c. d'huile de colza
- 2 c. à c. de vinaigre de vin blanc
- 2 c. à c. de moutarde à l'ancienne
- 2 c. à s. de yaourt nature
- 2 c. à s. de crème fraîche à 30 % de matières grasses
- 2 c. à s. de jus d'orange
- 2 c. à s. de graines de tournesol grillées
- sel, poivre noir fraîchement moulu

1 Coupez et jetez les parties dures du chou, puis hachez-le finement. Placez-le dans un saladier avec les carottes et les oignons nouveaux et mélangez bien. Ajoutez du poivre et une pincée de sel, couvrez et réservez 1 à 2 h au réfrigérateur.

2 Mélangez l'huile, le vinaigre et la moutarde dans un petit bol, puis incorporez la crème fraîche, le yaourt et le jus d'orange. Réservez.

3 Au moment du repas, versez l'assaisonnement sur la salade, ajoutez les graines de tournesol et remuez le tout. Laissez le coleslaw reposer 10 à 15 min pour permettre aux saveurs de se mêler.

Grâce à leur saveur, les graines de tournesol grillées et la moutarde permettent de réduire l'apport en sel.

Gratin de macaronis

La réalisation de cette recette exige plusieurs opérations, dont certaines peuvent être préparées à l'avance. Grâce à cette version qui contient moitié moins de matières grasses, profitez sans culpabilité de ce plat familial.

	Classique	Allégée
Kcal	821	503
Lipides	43 g	19 g
Acides gras saturés	26 g	11 g
Sel	1,98 g	1,15 g

503 kcal par personne

Protéines : 26 g, glucides : 62 g ; lipides : 19 g ; acides gras saturés : 11 g ; fibres : 3 g ; sucre : 14 g ; sel : 1,15 g

Pour 4 personnes

Préparation : 30 minutes
Cuisson : 35 minutes

- 55 cl de lait demi-écrémé
- 25 g de Maïzena
- 1 c. à c. bombée de moutarde douce
- 1 gousse d'ail finement hachée
- 1 bonne pincée de piment en poudre
- 140 g de cheddar vieux
- 25 g de parmesan
- 25 g de chapelure fraîche
- 450 g de tomates et de tomates cerises mélangées
- 1 botte d'oignons nouveaux
- 200 g de macaronis
- 15 cl de babeurre
- sel, poivre noir fraîchement moulu

1 Mélangez 3 c. à s. de lait avec la Maïzena et la moutarde puis réservez. Dans une grande casserole, faites chauffer le reste du lait avec l'ail jusqu'à ébullition. Retirez du feu, ajoutez le piment et laissez infuser.

2 Râpez les fromages séparément. Mélangez une poignée du cheddar à la chapelure et poivrez. Coupez en tranches épaisses les tomates et en deux les tomates cerises. Hachez finement les oignons nouveaux. Préchauffez le four à 190 °C (th. 6-7), ou 170 °C (th. 5-6) en chaleur tournante.

3 Plongez les macaronis dans une grande casserole d'eau bouillante, remuez pour qu'ils ne collent pas et laissez-les cuire 6 min. Ajoutez les oignons nouveaux et poursuivez la cuisson 2 min. Pendant ce temps, préparez la sauce. Versez le mélange de Maïzena dans le lait chaud à l'ail et au piment. Remettez la casserole sur le feu et portez à ébullition en remuant jusqu'à ce que le mélange épaisisse et devienne onctueux. Retirez du feu, ajoutez le parmesan et le cheddar – réservez-en un peu – et poivrez à votre goût. Ajoutez le babeurre en remuant.

4 Égouttez les macaronis dans une passoire et passez-les sous un robinet d'eau très chaude pour les détacher les uns des autres. Égouttez-les bien et versez-les dans la sauce. Mélangez, puis transvasez le tout dans un plat de 30 x 20 cm allant au four. Déposez les tomates sur le dessus, saupoudrez de chapelure au fromage et du cheddar réservé. Poivrez. Enfournez 15 min, jusqu'à ce que la sauce commence à bouillonner sur les bords. Faites cuire encore 5 min, le dessus doit être croustillant et bien doré. Laissez reposer quelques minutes avant de servir.

Le secret de cette recette allégée : la sauce sans beurre, le mariage du cheddar et du parmesan pour la saveur, et l'utilisation de babeurre, moins riche en matières grasses, à la place d'une partie du lait.

Tourte au poulet

Difficile de résister à la tentation d'une tourte au poulet, avec sa garniture crémeuse sous une pâte brisée ou feuilletée croustillante. Cette recette conserve les qualités d'un plat roboratif, mais en beaucoup plus sain.

	Classique	Allégée
Kcal	794	320
Lipides	51,3 g	10,4 g
Acides gras saturés	29,3 g	3,6 g
Sel	2,15 g	1,37 g

320 kcal par personne

Protéines : 34 g ; glucides : 22 g ; lipides : 10 g ; acides gras saturés : 4 g ; fibres : 3 g ; sucre : 7 g ; sel : 1,37 g

Pour 4 personnes

Préparation : 30 minutes, plus refroidissement
Cuisson : 45-50 minutes

Pour la garniture

- 45 cl de bouillon de poulet
- 10 cl de vin blanc sec
- 2 gousses d'ail finement hachées
- 3 brins de thym
- 1 brin d'estragon, plus 1 c. à s. de feuilles ciselées
- 225 g de carottes coupées en bâtonnets
- 4 filets de poulet (environ 500 g)
- 225 g de poireaux épluchés, lavés et détaillés
- 2 c. à s. de Maïzena diluée dans 2 c. à s. d'eau
- 3 c. à s. de crème fraîche à 30 % de matières grasses
- 1 c. à c. de moutarde de Dijon
- 1 c. à s. bombée de persil plat
- poivre noir fraîchement moulu

Pour la pâte

- 3 feuilles de pâte filo, chacune de 38 x 30 cm (70 g)
- 1 c. à s. d'huile de colza

1 Versez le bouillon et le vin dans une grande sauteuse, puis ajoutez l'ail, le thym, l'estragon et les carottes. Portez à ébullition puis baissez la température et faites cuire 3 min à feu doux. Ajoutez le poulet, poivrez, couvrez et laissez mijoter 5 min. Déposez les poireaux sur le poulet et poursuivez la cuisson 10 min à couvert. Retirez du feu et laissez le poulet reposer 15 min dans le bouillon.

2 Transvasez le bouillon dans un pichet gradué. Vous devriez en avoir 50 cl ; si ce n'est pas le cas, ajoutez un peu d'eau. Coupez le poulet en assez gros morceaux et mettez-les avec les légumes dans une tourtière, après avoir enlevé les brins de thym et d'estragon.

3 Reversez le bouillon dans la sauteuse et ajoutez la Maïzena diluée dans l'eau en mélangeant. Remettez la poêle sur le feu et portez à ébullition, en remuant constamment jusqu'à épaississement. Retirez du feu et incorporez la crème fraîche, la moutarde, l'estragon haché et le persil. Poivrez. Préchauffez le four à 200 °C (th. 6-7), ou 180 °C (th. 6) en chaleur tournante. Versez la sauce sur le poulet et mélangez bien.

4 Coupez chaque feuille de pâte filo en 4 carrés ou rectangles. Posez-les sur la préparation, en badigeonnant chaque feuille d'huile. La pâte doit former un léger dôme au centre ; rentrez les bords à l'intérieur entre la garniture et le plat ou plaquez-les à l'extérieur si la tourtière a un rebord. Poivrez et enfournez 20 à 25 min jusqu'à ce que la pâte soit dorée et que la sauce bouillonne. Servez immédiatement.

D'AUTRES MANIÈRES D'UTILISER...

La garniture

Servez-la avec du riz ou des pâtes pour un dîner familial.

La pâte filo

Vous pouvez en recouvrir une tourte au poisson ou même aux fruits, au lieu d'avoir recours à une pâte brisée ou feuilletée, très riches en matières grasses.

Pour réduire le gras, on a préféré les filets de poulet aux cuisses.

•

La saveur a été accentuée en pochant le poulet dans un bouillon avec un peu de vin blanc, de l'ail et des herbes.

•

On a ajouté autant de légumes que possible.

•

On a épaissi le bouillon avec de la Maïzena et utilisé de la crème à 30 % de matières grasses pour que la sauce soit onctueuse.

Hachis parmentier

L'agneau est plus riche en matières grasses que le bœuf ou le porc. Aussi, dans cette recette, la viande d'agneau est-elle la plus maigre possible. L'autre astuce : remplacer une partie de la viande par des lentilles.

	Classique	Allégée
Kcal	666	429
Lipides	38 g	12 g
Acides gras saturés	20 g	4 g
Sel	1 g	0,91 g

429 kcal par personne

Protéines : 22 g ; glucides : 63 g ; lipides : 12 g ; acides gras saturés : 4 g ; fibres : 11 g ; sucre : 15 g ; sel : 0,91 g

Pour 4 personnes

Préparation : 25 minutes
Cuisson : 1 h 30

Pour la garniture

- 1 c. à s. d'huile de colza
- 1 oignon haché
- 3 à 4 brins de thym
- 2 carottes coupées en petits cubes (environ 300 g)
- 250 g d'agneau haché à 10 % de matières grasses
- 1 c. à s. de farine
- 35 cl de bouillon de légumes
- 225 g de tomates en boîte
- 1 c. à s. de concentré de tomate
- 400 g de lentilles vertes en boîte, sans sel ajouté, égouttées
- 1 c. à c. de sauce Worcestershire
- poivre noir fraîchement moulu

Pour la purée

- 650 g de pommes de terre grossièrement coupées
- 250 g de patates douces grossièrement coupées
- 2 c. à s. de crème fraîche à 30 % de matières grasses
- 1 c. à s. de lait demi-écrémé
- sel, poivre noir fraîchement moulu

1 Faites chauffer l'huile dans une grande sauteuse et mettez-y les oignons et le thym à sauter 2 à 3 min. Ajoutez les carottes et faites-les revenir 5 à 8 min, en remuant de temps en temps, jusqu'à ce que les légumes commencent à brunir. Ajoutez la viande en l'émiettant et laissez-la cuire 1 ou 2 min. Incorporez la farine en remuant et en grattant le fond de la sauteuse pour décoller les sucs, et laissez cuire encore 1 à 2 min. Versez le bouillon et mélangez jusqu'à ce qu'il épaississe. Incorporez les tomates, le concentré de tomate, les lentilles et la sauce Worcestershire. Poivrez et laissez mijoter à couvert 45 min, en remuant de temps en temps.

2 Préparez la purée. Mettez les pommes de terre et les patates douces dans une grande casserole d'eau. Portez à ébullition, puis laissez cuire 12 à 15 min à feu moyen, jusqu'à ce qu'elles soient tendres. Égouttez-les dans une passoire et remettez-les dans la casserole. Écrasez-les avec un pilon. Incorporez la crème fraîche et le lait en tournant avec une cuillère en bois, jusqu'à obtenir un mélange aéré et mousseux. Salez et poivrez légèrement. Préchauffez le four à 200 °C (th. 6-7), ou 180 °C (th. 6) en chaleur tournante.

3 Retirez le thym de la sauteuse et transvasez son contenu dans un grand plat allant au four. Recouvrez avec la purée, égalisez la surface puis formez des motifs à l'aide d'une fourchette. Déposez le plat sur la plaque du four et enfournez 20 à 25 min, jusqu'à ce que la sauce commence à bouillonner sur les bords. Si le dessus n'est pas assez doré, glissez le plat sous le gril 5 min environ. Laissez reposer 5 min avant de servir.

Pour limiter les acides gras saturés, la viande maigre a été cuite à l'huile de colza.

Pizza Margherita

C'est la garniture et non la pâte qui contient le plus de matières grasses, surtout des acides gras saturés. Même dans la simple et classique pizza Margherita, on en trouve apportés par le fromage. En pétrissant moins la pâte et en modifiant légèrement la recette, cette pizza sera moins grasse et moins salée, mais toujours aussi savoureuse.

	Classique	Allégée
Kcal	601	498
Lipides	23,3 g	13,5 g
Acides gras saturés	12 g	6,6 g
Sel	2,8 g	1,7 g

498 kcal par personne

Protéines : 19,6 g ; glucides : 73,7 g ; lipides : 13,5 g ; acides gras saturés : 6,6 g ; fibres : 3,9 g ; sucre : 5,6 g ; sel : 1,7 g

Pour 2 pizzas (soit 4 personnes)

Préparation : 20 minutes, plus repos de la pâte
Cuisson : 15 minutes par pizza

Pour la pâte

- 350 g de farine blanche, plus un peu pour le plan de travail
- 25 g de semoule de préférence grossière, plus 1 c. à c.
- 1 c. à c. de sel
- 7 g de levure sèche de boulanger
- 3 c. à c. d'huile d'olive

Pour la garniture

- 400 g de tomates en boîte
- 3 gousses d'ail finement hachées
- 1 c. à s. de concentré de tomate
- 2 poignées de basilic ciselé
- 50 g de mozzarella
- 200 g de ricotta
- 200 g de tomates cerises coupées en deux
- 25 g de feuilles de roquette
- 2 c. à s. de parmesan râpé
- sel, poivre noir fraîchement moulu

1 Mélangez la farine, la semoule, le sel et la levure dans un saladier. Versez 2 c. à c. d'huile et 25 cl d'eau. Mélangez avec les mains. La pâte doit être très collante. Couvrez-la et laissez-la reposer 15 min.

2 Transférez la pâte sur un plan de travail largement fariné et pétrissez-la 12 fois. Faites une boule et remettez-la dans le bol. Couvrez et laissez reposer 10 min. Renouvelez l'opération et laissez reposer encore 10 min. Pétrissez une dernière fois et laissez reposer 15 min.

3 Pendant ce temps, préparez la garniture. Égouttez les tomates dans une passoire, transvasez-les dans un bol et coupez-les en morceaux. Ajoutez l'ail et le concentré de tomate. Poivrez, salez et réservez. Recouvrez la plaque du four de papier sulfurisé et saupoudrez-la avec le reste de la semoule. Préchauffez le four à 240 °C (th. 8), ou 220 °C (th. 7-8) en chaleur tournante.

4 Coupez la pâte en deux. Laissez une moitié dans le bol et pétrissez rapidement l'autre moitié sur une surface légèrement farinée. Étalez la pâte jusqu'à obtenir un cercle de 28 cm de diamètre. Si la pâte colle, frottez-la avec un peu d'huile. Soulevez-la pour la déposer sur la plaque de four en vous aidant d'un rouleau à pâtisserie.

5 Étalez la moitié de la sauce tomate sur la pâte, presque jusqu'au bord, et parsemez de basilic. Ajoutez la moitié de la mozzarella coupée en dés, puis de petites cuillerées de ricotta sur toute la surface. Terminez en décorant de la moitié des tomates cerises et poivrez. Enfournez 15 min jusqu'à ce que la pâte soit dorée et croustillante et que la garniture bouillonne. Faites la même opération avec le reste de pâte et d'ingrédients. Servez chaque pizza décorée de roquette et de parmesan, et arrosez-les de ½ c. à c. d'huile.

ASTUCES

- Le sel de la pâte a été légèrement réduit, mais sachez qu'une certaine quantité est nécessaire pour que celle-ci ait une belle texture et ne soit pas trop molle.
- On ajoute de la semoule pour renforcer et enrichir la pâte.
- Si vous voulez augmenter l'apport en fibres de la pâte, remplacez 100 g de la farine blanche par de la farine complète.

On a utilisé une base de sauce tomate maison.

Les tomates et la roquette entrent dans le compte des « cinq fruits et légumes par jour ».

Pour réduire le gras, une partie de la mozzarella a été remplacée par de la ricotta.

On a recouvert la plaque de cuisson de papier sulfurisé pour ne pas utiliser d'huile.

Burgers avec salsa aux poivrons grillés

Les burgers sont riches en matières grasses. La viande n'est pas à blâmer, ce sont le fromage, le Ketchup et la mayonnaise qui alourdissent la facture calorique. Si cette recette est allégée, le plaisir de déguster est inchangé.

	Classique	Allégée
Kcal	604	405
Lipides	39,7 g	15,4 g
Acides gras saturés	12,7 g	5 g
Sel	2 g	1,44 g

405 kcal par personne

Protéines : 32 g ; glucides : 37 g ; lipides : 15,4 g ; acides gras saturés : 5 g ; fibres : 5 g ; sucre : 10 g ; sel : 1,44 g

Pour 4 personnes

Préparation : 25 minutes, plus refroidissement et réfrigération
Cuisson : 45-50 minutes

Pour les burgers

- 400 g de viande hachée à 10 % de matières grasses
- 5 oignons nouveaux épluchés et hachés
- 140 g de carottes finement râpées
- 2 gousses d'ail finement hachées
- 2 c. à c. de moutarde de Dijon
- 1 c. à s. d'estragon haché
- 1 œuf battu
- 4 petits pains ronds complets coupés en deux
- 1½ c. à c. d'huile de colza
- 25 g de cresson
- sel, poivre noir fraîchement moulu

Pour la salsa aux poivrons grillés

- 2 poivrons rouges fendus en deux et épépinés
- 100 g de tomates cerises coupées en deux
- 2 c. à c. de jus de citron vert
- 2 c. à c. de ciboulette ciselée
- ¼ petit oignon rouge finement haché
- 1 pincée de piment en poudre
- poivre noir fraîchement moulu

1 À l'aide d'une fourchette, mélangez la viande hachée dans un bol avec les oignons nouveaux, les carottes, l'ail, la moutarde, l'estragon et l'œuf. Poivrez et salez, puis divisez en 4 parts. Aplatissez chaque steak à la main pour obtenir des ronds de 10 cm sur 2 cm d'épaisseur. Réservez 30 min au réfrigérateur. Vous pouvez les préparer la veille et les conserver, séparés par du papier sulfurisé pour les empêcher de coller et enveloppés dans du film alimentaire, jusqu'au moment de les faire cuire.

2 Préchauffez le four à 200 °C (th. 6-7), ou 180 °C (th. 6) en chaleur tournante. Étalez les poivrons côté coupé sur une plaque de four antiadhésive. Laissez-les rôtir 35 min, jusqu'à ce que la peau soit noire. Ajoutez les tomates, face coupée vers le haut, 3 min avant la fin de la cuisson, afin qu'elles ramollissent légèrement. Retirez la plaque du four et mettez les poivrons dans un bol. Couvrez d'un film alimentaire. Laissez tiédir 5 à 10 min.

3 Enlevez la peau des poivrons, hachez-les (en réservant le jus) et remettez-les dans le bol. Coupez les tomates et mélangez-les aux poivrons avec le jus de citron vert, la ciboulette, l'oignon et le piment. Goûtez, et poivrez si nécessaire. Réservez. La salsa peut être préparée 1 ou 2 jours à l'avance et réfrigérée.

4 Faites chauffer un gril ou utilisez un barbecue. Faites cuire les petits pains, face coupée dessous, jusqu'à ce que les marques du gril soient visibles. Badigeonnez les steaks d'un peu d'huile et laissez-les cuire sans les manipuler 5 min de chaque côté pour une viande à point, ou 6 à 7 min pour une viande bien cuite.

5 Retirez les steaks du gril et laissez-les reposer 2 à 3 min. Humidifiez chaque petit pain avec le jus des poivrons réservé, ajoutez quelques feuilles de cresson puis le steak et une cuillerée de salsa. Refermez le petit pain avec l'autre moitié.

D'AUTRES MANIÈRES D'UTILISER...

La préparation à la viande
Formez des boulettes et accompagnez-les de spaghettis et d'une sauce tomate. Ou supprimez la moutarde et l'estragon, remplacez-les par 1 c. à s. de menthe hachée et d'origan, et servez dans du pain pita avec des tomates, du concombre et du yaourt nature.

La salsa aux poivrons grillés
Proposez-la en accompagnement d'un poisson ou d'un poulet cuit au barbecue. Ou servez-la étalée sur des tranches de pain grillées et huilées, en bruschettas.

Pour réduire le gras, on a constitué des steaks de viande maigre et de carottes râpées.

•

Pour limiter la quantité d'huile, on a badigeonné directement les steaks au lieu de huiler la poêle.

•

Un assaisonnement à base de moutarde, d'ail et d'estragon permet de réduire le sel.

•

On a augmenté la part des légumes et la vitamine C en mettant des carottes dans le steak, des poivrons rouges et des tomates dans la salsa, sans oublier le cresson.

Quiche à l'oignon

Pour transformer cette recette qui exige une pâte riche en matières grasses, de l'huile et du beurre pour faire frire les oignons et de la crème et des œufs pour la garniture, je vous propose une pâte particulièrement légère.

	Classique	Allégée
Kcal	604	309
Lipides	49,7 g	16,6 g
Acides gras saturés	26,8 g	7,4 g
Sel	0,97 g	0,84 g

309 kcal par personne

Protéines : 9 g ; glucides : 33 g ; lipides 16,6 g ; acides gras saturés : 7,4 g ; fibres : 2 g ; sucre : 8 g ; sel : 0,84 g

Pour 6 personnes

Préparation : 25 minutes
Cuisson : 45-50 minutes

Pour la garniture

- 2 gros oignons rouges (environ 550 g)
- 2 c. à s. d'huile de colza
- 2 œufs
- 20 cl de crème fraîche à 30 % de matières grasses
- 1 c. à c. de feuilles de thym
- 1 c. à c. de moutarde de Dijon
- 25 g de gruyère râpé
- sel, poivre noir fraîchement moulu

Pour la pâte

- 175 g de farine, plus un peu pour le plan de travail
- 25 g de beurre froid coupé en petits morceaux
- 100 g de yaourt nature
- 4 c. à s. de lait demi-écrémé
- poivre noir fraîchement moulu

1 Coupez les oignons en deux puis émincez-les. Faites chauffer l'huile dans une sauteuse antiadhésive. Ajoutez les oignons et faites-les frire 20 min à feu moyen, sans trop les remuer, jusqu'à ce qu'ils soient bien fondus et caramélisés.

2 Pendant ce temps, préparez la pâte. Préchauffez le four à 190 °C (th. 6-7), ou 170 °C (th. 6) en chaleur tournante, et glissez-y une plaque à pâtisserie. Mettez la farine et le beurre dans un saladier avec une pincée de sel et mélangez avec les doigts jusqu'à obtenir de grosses miettes. Ajoutez le yaourt et le lait, et travaillez brièvement la pâte jusqu'à ce qu'elle soit homogène. Formez une boule sans trop la pétrir.

3 Étalez la pâte sur une surface légèrement farinée. Déposez-la dans un moule rond de 23 cm de diamètre et de 2,5 cm de profondeur à fond amovible. Pressez la pâte avec les doigts le long des bords pour qu'elle adhère bien au moule. Si elle est un peu collante, farinez vos mains.

4 Battez les œufs dans un bol, ajoutez la crème fraîche, le thym, la moutarde et l'assaisonnement. Étalez la moitié des oignons sur la pâte, poivrez, puis ajoutez la moitié du gruyère râpé. Versez les œufs battus et répartissez le reste des oignons et du fromage. Placez le plat sur la plaque à pâtisserie et laissez cuire 25 à 30 min, jusqu'à ce que la pâte et la garniture soient cuites. Sortez la quiche du four et laissez-la refroidir environ 10 min, avant de la démouler et de la servir encore chaude avec une salade verte.

Au lieu d'une pâte brisée ou feuilletée, utilisez cette pâte maison qui requiert moins de matières grasses.

Poulet tikka masala

Ce plat indien doit respecter une certaine authenticité, grâce à des ingrédients clés, y compris de la crème et du beurre. Cette version garde une saveur assez riche, malgré la réduction importante des lipides.

	Classique	Allégée
Kcal	566	515
Lipides	40 g	10 g
Acides gras saturés	13 g	2 g
Sel	2,11 g	0,3 g

515 kcal par personne (avec le riz)

Protéines : 47 g ; glucides : 58 g ; lipides : 10 g ; acides gras saturés : 2 g ; fibres : 5 g ; sucre : 7 g ; sel : 0,3 g

Pour 4 personnes

Préparation : 35 minutes, plus marinade et trempage
Cuisson : 35 minutes

Pour la marinade

- 1 morceau de gingembre frais de 5 cm pelé
- 4 belles gousses d'ail pelées
- 3 c. à s. de yaourt nature
- 2 c. à c. de jus de citron vert
- 1 c. à s. de coriandre fraîche finement hachée
- ½ c. à c. de paprika
- ¼ c. à c. de curcuma
- ½ c. à c. de garam masala
- ¼-½ c. à c. de piment fort en poudre
- 1 c. à c. de graines de cumin
- 1 c. à c. de graines de coriandre
- ½ c. à c. de graines de fenugrec
- 600 g de filets de poulet, coupés en morceaux de 4 cm

Pour la sauce

- 2 c. à s. d'huile de colza
- 2 oignons finement émincés
- ½ c. à c. de paprika
- ½ c. à c. de curcuma
- ½ c. à c. de garam masala
- ¼ c. à c. de piment fort en poudre (en option)
- 2 c. à s. de concentré de tomate
- 2 c. à s. de yaourt nature
- sel

Pour le riz

- 250 g de riz basmati
- 200 g de petits pois congelés
- feuilles de coriandre fraîche et quartiers de citron vert, pour servir

1 Pour la marinade, râpez finement le gingembre et l'ail puis mélangez. Placez la moitié de cette préparation dans un bol (réservez l'autre moitié pour la sauce) et incorporez le yaourt, le jus de citron vert, la coriandre, le paprika, le curcuma, le garam masala et le piment.

2 Faites chauffer à sec une petite poêle à fond épais et mettez-y les graines de cumin, de coriandre et de fenugrec à griller jusqu'à ce qu'elles dégagent leur parfum (elles commencent à sauter dans la poêle). Enlevez du feu et réduisez les graines en poudre dans un mortier avec un pilon.

3 Ajoutez la moitié de la poudre ainsi obtenue dans le mélange au yaourt (gardez le reste pour la sauce). Mettez les morceaux de poulet dans cette marinade épicée et remuez pour bien les enrober. Couvrez et laissez mariner au moins 30 min ou toute une nuit au réfrigérateur. Plongez 8 brochettes en bois dans l'eau froide environ 30 min.

4 Pendant ce temps, préparez la sauce. Faites chauffer l'huile dans une grande casserole. Ajoutez les oignons et faites-les cuire 10 min à feu moyen, en remuant de temps en temps, jusqu'à ce qu'ils ramollissent et brunissent légèrement. Incorporez le reste du gingembre et l'ail, et laissez cuire encore 2 min.

5 Mélangez le paprika, le curcuma, le garam masala et le piment (le cas échéant) et ajoutez-les aux oignons avec le reste des graines écrasées. Laissez cuire 1 min, en remuant et en grattant le fond de la casserole. Incorporez le concentré de tomate, puis 15 cl d'eau et faites cuire 1 min. Transférez dans le bol d'un mixeur et mixez jusqu'à obtenir une sauce assez lisse. Reversez-la dans la poêle et ajoutez 15 cl d'eau, puis réservez. Faites tremper le riz dans l'eau pendant 30 min.

6 Préchauffez le gril du four à haute température. Piquez les morceaux de poulet sur les brochettes et disposez-les sur une plaque de cuisson garnie de papier sulfurisé. Faites-les griller 12 à 15 min, en les tournant souvent et jusqu'à ce qu'elles soient légèrement roussies sur les bords.

7 Pendant ce temps, égouttez le riz et mettez-le dans une casserole avec 37,5 cl d'eau. Portez à ébullition, baissez le feu et faites cuire 8 min à couvert. Retirez la casserole du feu et laissez le riz reposer à couvert 5 min. Faites cuire les petits pois 3 min dans l'eau bouillante, puis égouttez-les. Aérez le riz à la fourchette, et incorporez-y les petits pois.

8 Juste avant de servir, réchauffez la sauce en y ajoutant le jus de cuisson du poulet et un peu d'eau si elle est trop épaisse. Hors du feu, ajoutez le yaourt et une pincée de sel. Servez les brochettes de poulet avec le riz, saupoudré de feuilles de coriandre ciselées, et des quartiers de citron vert.

Pour diminuer les lipides, on a remplacé la crème et le beurre par du yaourt nature.

•

On a accentué la saveur en grillant certaines épices – et en équilibrant les autres – au lieu d'ajouter du sel.

•

L'huile de colza permet de réduire les acides gras saturés.

Poulet chasseur

Ce classique de la cuisine italienne se réalise traditionnellement avec un poulet entier, de la pancetta et une bonne quantité d'huile d'olive. Un plat délicieux, mais riche en lipides. Avec quelques petits changements qui n'affectent en rien la saveur, les matières grasses et les calories sont largement réduites.

	Classique	Allégée
Kcal	620	262
Lipides	40,3 g	6,2 g
Acides gras saturés	11,5 g	1,3 g
Sel	1,6 g	1 g

262 kcal par personne

Protéines : 38,7 g ; glucides : 6,9 g ; lipides : 6,2 g ; acides gras saturés : 1,3 g ; fibres : 2,7 g ; sucre : 5,2 g ; sel : 1 g

Pour 4 personnes

Préparation : 15 minutes
Cuisson : 50 minutes

- 1 c. à s. d'huile d'olive
- 3 tranches de prosciutto dégraissées
- 1 oignon haché
- 2 gousses d'ail finement hachées
- 2 brins de sauge
- 2 brins de romarin
- 4 filets de poulet sans la peau
- 15 cl de vin blanc sec
- 400 g de tomates en boîte avec leur jus
- 1 c. à s. de concentré de tomate
- 225 g de champignons de Paris, épluchés et coupés en deux ou en quatre
- 1 petite poignée de persil plat haché
- sel, poivre noir fraîchement moulu

1 Faites chauffer l'huile dans une grande sauteuse antiadhésive et faites-y revenir le prosciutto 2 min, jusqu'à ce qu'il soit croquant. Retirez-le avec une écumoire, en l'égouttant bien au-dessus de la sauteuse, et réservez. Mettez l'oignon, l'ail, la sauge et le romarin à la place et laissez cuire 3 à 4 min, jusqu'à ce que l'oignon commence à ramollir.

2 Étalez bien l'oignon sur le fond de la sauteuse et déposez les filets de poulet par-dessus. Poivrez et faites-les cuire 5 min à feu moyen, en les retournant une fois, jusqu'à ce qu'ils commencent à dorer des deux côtés, et que l'oignon soit caramélisé. Augmentez la chaleur, remuez rapidement et quand le tout grésille, versez le vin blanc ; laissez-le réduire légèrement pendant 2 min.

3 Baissez le feu, remettez le prosciutto dans la sauteuse, ajoutez les tomates (en les concassant d'abord grossièrement avec une cuillère), le concentré de tomate et les champignons. Versez 4 ou 5 c. à s. d'eau dans la boîte des tomates vide, rincez et versez le liquide dans la sauteuse. Couvrez et laissez mijoter 30 min jusqu'à ce que le poulet soit bien cuit, puis laissez cuire à découvert 5 min, de façon à ce que la sauce épaississe légèrement. Ajoutez du poivre et une pincée de sel et saupoudrez de persil.

La pancetta a été remplacée par du jambon cru pour réduire les lipides, en particulier les acides gras saturés.

PLATS ÉQUILIBRÉS POUR RECEVOIR

Curry de poulet à la thaïe

Frais et parfumé, le curry thaï offre un mélange équilibré de saveurs relevées, aigres, sucrées et salées. Cette recette gourmande peut facilement être allégée en modifiant certains ingrédients et méthodes.

	Classique	Allégée
Kcal	817	487
Lipides	44 g	16 g
Acides gras saturés	32 g	10 g
Sel	2,78 g	0,96 g

487 kcal par personne (avec le riz)

Protéines : 35 g ; glucides : 55 g ; lipides : 16 g ; acides gras saturés : 10 g ; fibres : 2 g ; sucre : 4 g ; sel : 0,96 g

Pour 4 personnes

Préparation : 35 minutes
Cuisson : 20 minutes

Pour la pâte de curry

- 20 g de coriandre fraîche, tiges et feuilles séparées
- 2 échalotes finement hachées
- 1 tige de citronnelle finement hachée
- 2 gousses d'ail finement hachées
- 1 morceau de 1 cm de gingembre frais, pelé et finement haché
- 3 petits piments verts (forts) finement hachés (y compris les pépins)
- 1 piment vert finement haché (y compris les pépins)
- 1 petite poignée de feuilles de basilic
- ½ c. à c. de cumin en poudre
- ½ c. à c. de coriandre en poudre
- ¼ c. à c. de poivre noir moulu
- 1 c. à c. de feuilles de combava en poudre
- 1 c. à s. de jus de citron vert
- 1 c. à c. huile de tournesol

Pour le curry

- 1 c. à s. d'huile de tournesol
- 40 cl de lait de coco, à faible teneur en matières grasses
- 3 filets de poulet coupés en morceaux (environ 450 g)
- 2 c. à c. de sauce de poisson
- ½ c. à c. de sucre de palme ou de sucre de canne complet (muscovado)
- 4 feuilles de combava séchées
- 100 g de pois mange-tout, finement coupés dans la longueur
- 100 g de haricots verts épluchés et fendus en deux
- oignons nouveaux finement hachés et quartiers de citron vert, pour servir

Pour le riz

- 250 g de riz parfumé thaï

1 Pour la pâte de curry, hachez finement les tiges de coriandre et mettez-les dans un mini-mixeur avec les échalotes, la citronnelle et le gingembre. Mixez jusqu'à ce que le mélange soit aussi homogène que possible. Ajoutez les piments, le basilic, trois quarts des feuilles de coriandre, le cumin et la coriandre en poudre, le poivre, le combava en poudre et le jus de citron vert, puis mixez de nouveau. Versez l'huile, mixez une dernière fois pour homogénéiser et réservez. Vous n'aurez besoin que de la moitié de cette pâte ; le reste peut se conserver quelques jours au réfrigérateur ou jusqu'à 1 mois au congélateur.

2 Faites chauffer l'huile dans un wok antiadhésif ou une sauteuse et faites-y cuire la pâte de curry 1 min en remuant. Secouez bien la boîte de lait de coco, ouvrez-la, et versez-en les deux tiers dans le wok. Laissez le liquide bouillir 4 à 5 min, en remuant de temps en temps, jusqu'à ce qu'il réduise et épaississe légèrement.

3 Faites cuire le riz dans une casserole d'eau bouillante, selon les instructions figurant sur l'emballage.

4 Ajoutez le poulet dans le wok et laissez-le cuire 1 ou 2 min, jusqu'à ce que la chair ne soit plus rose. Versez la sauce de poisson et le sucre, puis le reste du lait de coco pour obtenir une sauce crémeuse. Réduisez la chaleur, ajoutez les feuilles de combava et laissez mijoter 5 min pour que le poulet finisse de cuire. Vous pouvez congeler ce curry jusqu'à 1 mois.

5 Pendant que le poulet mijote, faites cuire les pois mange-tout et les haricots verts à la vapeur pendant quelques minutes. Répartissez le curry dans des assiettes creuses, garnissez avec quelques légumes (le reste sera servi à part), les oignons nouveaux et les feuilles de coriandre restantes. Servez avec un bol de riz et des quartiers de citron vert.

On a remplacé la crème de coco par du lait de coco pauvre en matières grasses.

•

On a diminué la quantité d'huile pour réduire les lipides.

•

On a préparé une pâte de curry maison pour augmenter la saveur tout en diminuant le sel, la sauce de poisson et le sucre.

Poulet balti

Il existe de nombreuses variantes de cette recette utilisant des épices différentes. Trop souvent, le plat s'avère très huileux. Cette version moins riche en lipides conserve son goût relevé et est meilleure pour la santé.

	Classique	Allégée
Kcal	309	217
Lipides	15,4 g	6,6 g
Acides gras saturés	6,1 g	1,3 g
Sel	0,9 g	0,5 g

217 kcal par personne

Protéines : 30,2 g ; glucides : 10,2 g ; lipides : 6,6 g ; acides gras saturés : 1,3 g ; fibres : 2,5 g ; sucre : 8,2 g ; sel : 0,5 g

Pour 4 personnes

Préparation : 25 minutes, plus marinade
Cuisson : 30 minutes

- 450 g de filets de poulet coupés en morceaux
- 1 c. à s. de jus de citron vert
- 1 c. à c. de paprika
- ¼ c. à c. de piment fort en poudre
- 1½ c. à s. d'huile de tournesol
- 1 bâton de cannelle
- 3 gousses de cardamome écrasées
- 1 piment vert petit ou moyen
- ½ c. à c. de graines de cumin
- 1 oignon haché grossièrement
- 2 gousses d'ail très finement hachées
- 1 morceau de 2,5 cm de gingembre frais râpé
- ½ c. à c. de curcuma
- 1 c. à c. de cumin en poudre
- 1 c. à c. de coriandre en poudre
- 1 c. à c. de garam masala
- 25 cl de concentré de tomate
- 1 poivron rouge pelé, épépiné et coupé en petits morceaux
- 1 tomate concassée
- 85 g de pousses d'épinards
- 1 poignée de coriandre fraîche hachée
- sel, poivre noir fraîchement moulu
- riz chapati ou basmati, pour servir (en option)

1 Placez le poulet dans un plat non métallique. Ajoutez le jus de citron vert, le paprika, le piment en poudre et un tour de moulin à poivre, couvrez et laissez mariner au moins 15 min au réfrigérateur.

2 Mettez à chauffer 1 c. à s. d'huile dans un grand wok antiadhésif ou une sauteuse. Ajoutez la cannelle, la cardamome, le piment et le cumin, et laissez-les frire rapidement, en remuant, pour les colorer et les laisser exhaler leurs parfums. Incorporez l'oignon, l'ail et le gingembre et poursuivez la cuisson 3 à 4 min à feu vif, jusqu'à ce que l'oignon commence à brunir. Ajoutez l'huile restante et le poulet, et laissez cuire en remuant 2 à 3 min. Mélangez le curcuma, le cumin, la coriandre moulue et le garam masala, puis incorporez ces épices et faites cuire 2 min à feu moyen. Versez le concentré de tomate et 15 cl d'eau, puis ajoutez les morceaux de poivron. Quand le tout se met à bouillonner, baissez le feu et laissez mijoter 15 à 20 min jusqu'à ce que le poulet soit tendre.

3 Ajoutez la tomate en remuant et laissez cuire 2 à 3 min, puis les pousses d'épinards sans cesser de mélanger pour qu'elles flétrissent simplement. Salez légèrement. Si la sauce est trop épaisse, allongez-la avec un peu plus d'eau. Avant de servir, enlevez le bâton de cannelle, le piment et les gousses de cardamome. Garnissez de coriandre fraîche et accompagnez de riz chapati ou basmati, si vous le souhaitez.

Avec une poêle antiadhésive, on réduit le gras de cuisson.

•

On a ajouté des légumes pour apporter des fibres.

Saumon en croûte

Un filet de saumon tendre et moelleux dans une croûte croustillante figure au nombre des plats qu'il faut avoir à son répertoire. Cette version utilise de la pâte filo pour réduire les matières grasses de moitié.

	Classique	Allégée
Kcal	634	331
Lipides	44,9 g	20,2 g
Acides gras saturés	17,2 g	4,1 g
Sel	1,64 g	0,47 g

331 kcal par personne

Protéines : 26,6 g ; glucides : 11,6 g ; lipides : 20,2 g ; acides gras saturés : 4,1 g ; fibres : 1,1 g ; sucre : 1 g ; sel : 0,47 g

Pour 6 personnes

Préparation : 30 minutes, plus refroidissement
Cuisson : 35 minutes

- 3 c. à s. d'huile d'olive
- 2 échalotes finement hachées
- 140 g de champignons de Paris, épluchés et finement hachés
- 3 gousses d'ail finement hachées
- le jus de ½ citron
- 100 g de cresson haché
- 2 c. à s. d'aneth
- 1 c. à s. de ciboulette ciselée
- 2½ c. à s. de crème fraîche à 30 % de matières grasses
- 6 feuilles de pâte filo d'environ 38 x 30 cm (125 g)
- 2 filets de saumon sans la peau, de 350 g environ chacun
- sel, poivre noir fraîchement moulu

1 Faites chauffer 2 c. à s. d'huile dans une grande poêle antiadhésive. Faites-y revenir les échalotes 2 à 3 min, puis les champignons, l'ail et laissez cuire à feu vif 3 à 4 min en remuant, jusqu'à ce que les champignons et les échalotes soient dorés et que l'eau de végétation se soit évaporée. Ajoutez le jus de citron. Retirez du feu, puis incorporez le cresson en remuant jusqu'à ce qu'il se flétrisse. Ajoutez l'aneth et la ciboulette. Salez légèrement, poivrez et laissez refroidir.

2 Préchauffez le four à 200 °C (th. 6-7), ou 180 °C (th. 6) en chaleur tournante. Recouvrez une plaque de cuisson de papier sulfurisé. Incorporez la crème fraîche à la préparation aux champignons. Étalez une feuille de pâte filo sur la surface de travail (le petit côté du rectangle devant vous). Badigeonnez-la au pinceau en utilisant l'huile restante. Superposez 4 autres feuilles graissées de la même façon.

3 Couchez l'un des filets de saumon (côté peau vers le haut) sur la pâte filo, à un tiers de la hauteur. Poivrez, puis recouvrez de la préparation aux champignons. Posez l'autre filet par-dessus (côté peau vers le bas). Assaisonnez et rabattez la pâte qui est devant vous sur le saumon, repliez l'autre morceau dans l'autre sens, puis coincez les bords en dessous pour fermer hermétiquement. Repliez les extrémités de la pâte aussi proprement que possible.

4 Badigeonnez l'extérieur avec un peu d'huile. Froissez la dernière feuille de pâte filo, placez-la sur la papillote en appuyant légèrement et graissez-la soigneusement avec le reste d'huile. Il est possible de préparer ce plat 3 ou 4 h à l'avance et le réserver au réfrigérateur.

5 Transférez le saumon sur la plaque de cuisson. Laissez cuire 25 min jusqu'à ce que la pâte soit croustillante et dorée. Lors de la cuisson, si le dessus brunit trop vite, protégez-le avec du papier d'aluminium. Sortez le saumon du four et laissez-le reposer 2 ou 3 min avant de le découper.

On s'est servi d'une poêle antiadhésive pour utiliser moins d'huile.

•

Pour réduire les matières grasses et les calories de façon significative, on a remplacé la pâte brisée par des feuilles de pâte filo.

•

On a ajouté des champignons pour apporter de la vitamine B, et du cresson pour le fer et les minéraux.

•

On a utilisé de la crème fraîche allégée pour diminuer davantage la quantité de gras.

•

On a préféré dorer la pâte à l'huile plutôt qu'à l'œuf.

Spaghettis carbonara

C'est l'un des plats de pâtes les plus populaires, mais aussi l'un des plus riches, puisque la recette originale comporte de la crème, du fromage, des œufs et du bacon. Cette version allégée devrait faire l'unanimité.

	Classique	Allégée
Kcal	935	527
Lipides	49,8 g	16,1 g
Acides gras saturés	21,9 g	6,3 g
Sel	3,73 g	1,63 g

527 kcal par personne

Protéines : 29,7 g ; glucides : 70 g ; lipides : 16,1 g ; acides gras saturés : 6,3 g ; fibres : 5,2 g ; sucre : 4,4 g ; sel : 1,63 g

Pour 4 personnes

Préparation : 15 minutes
Cuisson : 20 minutes

- 2 œufs
- 200 g de petits pois surgelés
- 350 g de spaghettis
- 1 c. à s. d'huile d'olive
- 100 g de bacon maigre coupé en petits morceaux
- 2 gousses d'ail finement hachées
- 85 g de parmesan râpé
- sel, poivre noir fraîchement moulu
- 1 poignée de ciboulette, pour garnir

1 Portez à ébullition une grande casserole d'eau salée. Battez les œufs dans un bol avec un peu de poivre. Faites cuire les petits pois dans l'eau bouillante pendant 2 à 3 min, égouttez-les en réservant l'eau de cuisson.

2 Remettez l'eau des petits pois dans la casserole, portez de nouveau à ébullition et faites cuire les spaghettis *al dente* en suivant les instructions figurant sur l'emballage. Pendant ce temps, faites chauffer l'huile dans une grande poêle ou sauteuse et mettez-y le bacon à frire quelques minutes jusqu'à ce qu'il devienne croustillant. Ajoutez l'ail et faites-le cuire brièvement jusqu'à ce qu'il dore. Ajoutez les petits pois et conservez-les au chaud, à feu doux, jusqu'à ce que les spaghettis soient cuits.

3 Retirez la poêle du feu. Sortez les spaghettis de la casserole avec des pinces (réservez l'eau de cuisson) et mettez-les dans la poêle avec l'ail, le bacon et les petits pois. Gardez une poignée de parmesan pour saupoudrer, incorporez le reste aux œufs, puis versez rapidement sur les pâtes en soulevant et remuant les spaghettis avec les pinces pour bien les enrober. Versez un peu d'eau de cuisson dans la poêle pour allonger la sauce.

4 Avant de servir, donnez un tour de moulin à poivre. Répartissez les spaghettis dans des assiettes creuses, saupoudrez du parmesan réservé et de ciboulette ciselée. Servez sans attendre.

On a éliminé la crème fraîche et utilisé l'eau de cuisson des pâtes pour faire notre sauce.

Nasi goreng

Cet équivalent indonésien du riz frit chinois peut devenir rapidement trop salé si l'on y ajoute de généreuses quantités de sauce soja. Notre version prouve qu'il est possible de lui conserver son goût unique tout en diminuant les matières grasses et le sel.

	Classique	Allégée
Kcal	694	405
Lipides	27,2 g	7,9 g
Acides gras saturés	4,6 g	1,2 g
Sel	2,9 g	1,6 g

405 kcal par personne

Protéines : 30,7 g ; glucides : 50,9 g ; lipides : 7,9 g ; acides gras saturés : 1,2 g ; fibres : 4,6 g ; sucre : 3,6 g ; sel : 1,6 g

Pour 4 personnes

Préparation : 30 minutes
Cuisson : 20 minutes

- 140 g de haricots verts effilés et coupés en morceaux
- 1 œuf
- 1 c. à s. de lait demi-écrémé
- 1 bonne pincée de curcuma
- 2 c. à s. d'huile de colza
- 225 g de riz blanc à long grain
- 85 g de petits pois frais ou surgelés
- 3 échalotes finement hachées
- 2 gousses d'ail finement hachées
- 1 piment rouge thaï sans ses pépins finement haché (gardez quelques pépins si vous souhaitez un plat plus pimenté)
- 2 filets de poulet (environ 300 g) coupés en cubes de 2,5 cm
- 1 c. à c. de paprika
- 1 c. à c. de coriandre en poudre
- 100 g de crevettes cuites décortiquées, pour servir
- sel, poivre noir fraîchement moulu

Pour servir

- 3 oignons nouveaux épluchés
- 4 c. à c. de sauce soja foncée
- 1 morceau de concombre (50 g) coupé en dés
- 1 poignée de coriandre fraîche hachée
- quartiers de citron vert

1 Faites cuire les haricots verts à la vapeur ou dans de l'eau bouillante 4 à 5 min, jusqu'à ce qu'ils soient tendres et croquants. Égouttez-les si nécessaire et passez-les sous l'eau froide pour arrêter la cuisson. Réservez.

2 Battez l'œuf dans un bol avec le lait, le curcuma et du poivre. Faites chauffer 1 c. à c. d'huile dans une poêle antiadhésive de 23 cm de diamètre, versez-y la préparation en donnant un mouvement tournant à la poêle pour que l'omelette couvre toute la surface. Faites cuire cette omelette fine à feu moyen 1 ou 2 min jusqu'à ce qu'elle soit prise dessus et légèrement dorée dessous. Faites-la glisser sur un plan de travail ou une planche et roulez-la légèrement sur elle-même comme un cigare ; coupez-la ensuite en fines tranches. Réservez.

3 Coupez les oignons nouveaux en fine julienne. Mettez-les dans un petit bol et recouvrez-les d'eau réfrigérée pour que les extrémités s'incurvent joliment sous l'action du froid. Réservez au réfrigérateur.

4 Faites cuire le riz dans une casserole d'eau bouillante environ 10 min, jusqu'à ce qu'il soit tendre. Ajoutez les petits pois 3 min avant la fin de la cuisson.

5 Pendant ce temps, faites chauffer 1 c. à s. d'huile dans une grande sauteuse ou un wok, ajoutez les échalotes, l'ail et le piment thaï et faites-les revenir 2 à 3 min, en remuant, jusqu'à ce qu'ils deviennent tendres et légèrement bruns. Versez 1 c. à c. d'huile, ajoutez le poulet et laissez-le cuire en remuant pendant 4 à 5 min, jusqu'à ce qu'il soit frit. Ajoutez le paprika, la coriandre, les crevettes et les haricots, et poursuivez la cuisson 1 min pour les réchauffer et cuire les épices.

6 Égouttez le riz dans une passoire. Si le poulet n'est pas encore cuit, maintenez-le au chaud en plaçant la passoire sur une casserole contenant un fond d'eau bouillante. Posez un couvercle sur la passoire de façon à ce que le riz reste bien chaud grâce à la vapeur.

7 Mélangez le riz cuit, les tranches d'omelette et le poulet et remuez doucement pour réchauffer le tout. Poivrez et salez très légèrement. Servez chaque portion arrosée d'un peu d'huile et de 1 c. à c. de sauce soja foncée, puis garnissez le dessus de dés de concombre et de coriandre hachée. Décorez avec quelques lamelles d'oignon nouveau bien égouttées.

ASTUCE

- Traditionnellement, ce plat sert à accommoder les restes de riz. Ici tout est frais, mais si vous utilisez du riz cuit, il est important de le mettre au réfrigérateur après sa première cuisson, jusqu'au moment de le réchauffer avant de le servir.

Réduisez les matières grasses et les acides gras saturés en retirant la peau du poulet.

•

Diminuez encore les lipides en utilisant une poêle antiadhésive et en allongeant l'œuf battu avec du lait demi-écrémé.

•

Moins de crevettes et de sauce soja signifie moins de sel. Cependant, pour ne pas perdre en saveur, on a versé sur chaque part un peu de sauce soja foncée avant de servir.

•

Ajoutez des haricots verts et des petits pois pour plus de fibres et de légumes.

Coq au vin

Un plat riche et goûteux, idéal pour recevoir en hiver. Cette version offre la même saveur, mais avec moins de matières grasses et de calories. Veillez à ce que le reste du repas soit léger et servez avec des poireaux et des petits pois braisés (voir page 202) accompagnés d'une purée (voir page 213).

	Classique	Allégée
Kcal	818	420
Lipides	53,8 g	13,2 g
Acides gras saturés	18,1 g	3,2 g
Sel	1,2 g	1,4 g

420 kcal par personne

Protéines : 46,9 g ; glucides : 7,3 g ; lipides : 13,2 g ; acides gras saturés : 3,2 g ; fibres : 1,3 g ; sucre : 1,7 g ; sel : 1,4 g

Pour 6 personnes

Préparation : 25 minutes
Cuisson : 1 h 15-1 h 35

- 3 brins de thym
- 2 brins de romarin
- 2 feuilles de laurier
- 3 c. à s. d'huile d'olive
- 100 g de bacon fumé à sec haché
- 12 échalotes pelées
- 2 manchons de poulet (environ 450 g) sans la peau
- 4 cuisses de poulet (environ 650 g) sans la peau
- 2 filets de poulet (environ 300 g)
- 3 gousses d'ail finement hachées
- 3 c. à s. de cognac
- 60 cl de vin rouge
- 15 cl de bouillon de poulet
- 2 c. à c. de concentré de tomate
- 250 g de champignons de Paris épluchés et coupés en deux s'ils sont gros
- sel, poivre noir fraîchement moulu

Pour la sauce

- 2 c. à s. de farine
- 1½ c. à c. d'huile d'olive
- 1 c. à c. de beurre mou
- 1 petite poignée de persil plat finement haché, pour garnir

1 Attachez les herbes pour obtenir un bouquet garni.

2 Faites chauffer 1 c. à s. d'huile dans une casserole à fond épais, ajoutez le bacon et faites-le frire jusqu'à ce qu'il soit croustillant. Sortez-le et égouttez-le sur du papier absorbant. Mettez les échalotes à la place et faites-les revenir 5 à 8 min en secouant souvent la casserole, jusqu'à ce qu'elles soient brunes. Retirez-les et réservez avec le bacon.

3 Essuyez les morceaux de poulet avec du papier absorbant. Versez ½ c. à s. d'huile dans la casserole, puis faites frire la moitié des morceaux de poulet en les retournant régulièrement pendant 5 à 8 min, jusqu'à ce qu'ils soient dorés. Enlevez-les et répétez l'opération avec les autres morceaux. Réservez.

4 Mettez l'ail à frire brièvement, puis, à feu moyen, versez le cognac en raclant le fond de la casserole pour décoller les sucs. En chauffant, l'alcool s'évapore, il n'en reste donc pas beaucoup.

5 Remettez les pilons et les cuisses de poulet avec le jus s'il y en a, puis versez un peu de vin rouge pour déglacer la casserole en grattant le fond. Ajoutez le reste du vin, le bouillon, le concentré de tomate et le bouquet garni. Poivrez et salez légèrement, puis remettez le bacon et les échalotes dans la casserole. Couvrez, réduisez la chaleur et laissez mijoter. Incorporez les blancs de poulet et laissez cuire 50 min à 1 h.

6 Juste avant de servir, faites chauffer le reste d'huile dans une grande poêle antiadhésive. Ajoutez les champignons et laissez cuire quelques minutes à feu vif, jusqu'à ce qu'ils soient dorés. Retirez-les du feu et maintenez-les au chaud.

7 Transférez le poulet, les échalotes et le bacon dans un grand plat de service chaud. Enlevez le bouquet garni.

8 Pour la sauce, mélangez la farine, l'huile et le beurre dans un petit bol. Faites doucement bouillir la sauce au vin et incorporez au fur et à mesure des morceaux de beurre manié en mélangeant avec un fouet. La sauce doit épaissir. Laissez mijoter 1 à 2 min.

9 Répartissez les champignons sur le poulet, puis nappez de sauce au vin. Garnissez avec le persil haché.

On a ôté la peau du poulet pour réduire les matières grasses.

•

Pour diminuer les acides gras saturés, on a remplacé une partie du beurre par de l'huile.

•

Les herbes renforcent la saveur sans avoir besoin de saler.

Tagine d'agneau

Selon le type de cuisson et de viande, la quantité de matières grasses de ce plat du Maghreb qui associe viande d'agneau, épices, fruits et noix peut aller de faible à élevée. En choisissant un morceau d'agneau maigre et en modifiant la méthode de cuisson, cette proportion a été divisée par deux sans que la saveur ne soit modifiée.

	Classique	Allégée
Kcal	534	339
Lipides	33,4 g	14,7 g
Acides gras saturés	13,3 g	4,4 g
Sel	0,7 g	0,6 g

339 kcal par personne

Protéines : 29,9 g ; glucides : 22,5 g ; lipides : 14,7 g ; acides gras saturés : 4,4 g ; fibres : 6 g ; sucre : 15,3 g ; sel : 0,6 g

Pour 6 personnes

Préparation : 35 minutes, plus une nuit
Cuisson : 2 h 25

- 750 g de gigot dégraissé et coupé en morceaux de 4 cm
- 2 oignons hachés
- 2 c. à c. de cumin en poudre
- 1½ c. à c. de paprika
- 1 c. à c. de cannelle en poudre
- 1 bonne pincée de piment en poudre
- 1 bonne pincée de filaments de safran
- 2 c. à s. d'huile de colza
- 3 gousses d'ail finement hachées
- 1½ c. à c. de gingembre frais finement râpé
- 625 g de tomates en conserve
- 1 bouquet de 25 g de coriandre
- 140 g d'abricots secs moelleux coupés en deux
- 400 g de pois chiches en conserve
- 2 c. à c. de miel clair
- sel, poivre noir fraîchement moulu

1 Préchauffez le four à 160 °C (th. 5-6), ou 140 °C (th. 4-5) en chaleur tournante. Mettez la viande dans un saladier avec un oignon haché, le cumin, le paprika, la cannelle, le piment, le safran et 1 c. à s. d'huile. Poivrez suffisamment et mélangez pour enrober la viande d'épices. Couvrez et réservez 2 à 3 h dans le réfrigérateur, ou, mieux, toute une nuit.

2 Faites chauffer le reste de l'huile dans une poêle antiadhésive ou une sauteuse. Mettez-y l'autre oignon haché, l'ail, le gingembre et faites frire environ 5 min à feu moyen, en remuant souvent, jusqu'à ce que le mélange brunisse. Augmentez légèrement la chaleur, ajoutez la viande et faites-la revenir jusqu'à ce qu'elle ne soit plus rose. Versez les tomates et 25 cl d'eau. Hachez le bouquet de coriandre, tiges comprises (gardez quelques feuilles pour servir), et incorporez-le au tagine avec les abricots. Faites mijoter puis transférez dans un plat allant au four.

3 Laissez cuire 2 h au four, en ajoutant un peu d'eau si nécessaire, pour que le tagine reste juteux. Ajoutez alors les pois chiches, le miel et poursuivez la cuisson 15 min, jusqu'à ce que la viande soit tendre.

4 Hachez les feuilles de coriandre réservées. Salez légèrement le tagine et servez-le saupoudré de la coriandre ciselée.

Pour réduire le gras tout en augmentant les fibres, on a remplacé une partie de la viande par des pois chiches, riches en protéines végétales.

Saumon teriyaki

Le sel et le sucre sont présents à des taux élevés dans cette spécialité japonaise, en raison de la sauce sucrée-salée qui accompagne le poisson. En ajustant certains ingrédients traditionnels et en les mariant à ceux de nos placards, voici une version rapide à réaliser où la quantité de sel est divisée par deux et le sucre sensiblement réduit.

	Classique	Allégée
Kcal	361	269
Lipides	18,2 g	15,4 g
Acides gras saturés	3 g	2,7 g
Sucre	11,3 g	1,6 g
Sel	2,9 g	1,5 g

269 kcal par personne

Protéines : 28,7 g ; glucides : 2 g ; lipides : 15,4 g ; acides gras saturés : 2,7 g ; fibres : 0,1 g ; sucre : 1,6 g ; sel : 1,5 g

Pour 4 personnes

Préparation : 10 minutes
Cuisson : 15 minutes

- 2 c. à s. de sauce soja foncée
- 3 c. à s. de vin blanc sec
- 2 c. à s. de jus de pomme concentré
- 2 c. à c. de vinaigre de vin blanc
- 2 gousses d'ail écrasées
- 1 c. à c. de gingembre frais finement râpé
- 4 filets de saumon de 140 g sans la peau
- poivre noir fraîchement moulu

1 Préparez la sauce teriyaki. Dans une petite casserole, mettez la sauce soja, le vin, le jus de pomme, le vinaigre, l'ail et le gingembre avec 1 c. à s. d'eau et du poivre. Portez à ébullition et laissez bouillir 2 à 3 min jusqu'à ce que le mélange réduise légèrement. Réservez.

2 Faites chauffer le gril à la température maximale. Tapissez une plaque de four de papier sulfurisé et placez-y les filets de saumon. Glissez la plaque assez près du gril et faites cuire le saumon 10 min sans le retourner. Badigeonnez-le plusieurs fois avec un peu de sauce teriyaki pendant les dernières minutes de cuisson pour qu'il glace en surface.

3 Faites chauffer le reste de la sauce et versez-la sur le saumon avant de servir.

ASTUCES

- Pour vérifier la cuisson du saumon, écartez légèrement la chair au milieu du filet avec la pointe d'un couteau. Si vous l'aimez bien cuit, la chair ne doit plus être translucide.
- Servez avec une salade verte et des nouilles parsemées de coriandre fraîche.

Pour adoucir la sauce, on l'a l'allongée avec du jus de pomme plutôt que d'y ajouter du sucre.

Ragoût de poisson méditerranéen

À base de poisson, de fruits de mer et de tomates, ce plat méditerranéen est excellent pour la santé. Quelques aménagements permettent d'augmenter encore ses bienfaits en limitant sel et matières grasses.

	Classique	Allégée
Kcal	311	255
Lipides	7,5 g	5,2 g
Acides gras saturés	1,1 g	0,8 g
Sel	1,8 g	0,9 g

255 kcal par personne

Protéines : 30,8 g ; glucides : 12,9 g ; lipides : 5,2 g ; acides gras saturés : 0,8 g ; fibres : 6 g ; sucre : 9 g ; sel : 0,9 g

Pour 4 personnes

Préparation : 20 minutes
Cuisson : 25 minutes

- 1 bulbe de fenouil d'environ 300 g
- 1 c. à s. d'huile d'olive, plus 1 c. à c.
- 1 petite carotte coupée en dés
- 2 branches de céleri coupées en petits morceaux
- 1 grosse échalote finement hachée
- 2 gousses d'ail finement hachées
- 17,5 cl de vin blanc sec
- 400 g de tomates pelées en conserve
- 15 cl de jus de tomate
- 1 bonne pincée de filaments de safran
- 1 bonne pincée de paprika fumé
- 4 c. à s. de basilic haché
- 250 g de tomates cerises
- 500 g de haddock sans la peau ou de filets de morue, coupés en morceaux de 4 à 5 cm
- 12 crevettes royales, crues ou cuites, décortiquées en gardant la queue
- sel, poivre noir fraîchement moulu

1 Préchauffez le four à 200 °C (th. 6-7), ou 180 °C (th. 6) en chaleur tournante. Épluchez le fenouil et coupez-le en quatre dans le sens de la longueur, puis hachez-le finement. Faites chauffer 1 c. à s. d'huile dans une sauteuse et faites-y revenir le fenouil, la carotte, le céleri, l'échalote et l'ail pendant 3 à 4 min. Augmentez la chaleur, versez le vin et laissez mijoter quelques minutes jusqu'à ce que le liquide réduise d'un tiers. Ajoutez les tomates pelées et leur jus, 15 cl d'eau, le safran, le paprika et 2 c. à s. de basilic. Poivrez et portez à ébullition, puis laissez mijoter 8 min.

2 Pendant ce temps, coupez les tomates cerises en deux. Déposez-les sur une plaque de cuisson, saupoudrez-les de 1 c. à s. de basilic, poivrez, puis arrosez-les de 1 c. à c. d'huile. Enfournez 8 à 10 min, jusqu'à ce qu'elles ramollissent, sans perdre leur forme.

3 Mettez le poisson et les crevettes crues dans la sauteuse et laissez mijoter 4 à 5 min, jusqu'à ce qu'il soit juste cuit et que la chair des crevettes devienne opaque. Si vous utilisez des crevettes cuites, ajoutez-les au dernier moment pour les réchauffer. Salez légèrement.

4 Répartissez le poisson et les légumes dans des assiettes creuses, ajoutez le bouillon et servez avec les tomates rôties, le tout parsemé de basilic haché.

On a ajouté fenouil, carotte, céleri et tomates pour la vitamine C, les fibres et la saveur.

Risotto printanier

Ce classique italien se compose de riz cuit avec des légumes frais de saison, mais comporte également une bonne quantité de beurre et du parmesan. Dans cette version allégée, j'ai cherché quels autres ingrédients utiliser pour en développer la saveur.

	Classique	Allégée
Kcal	715	475
Lipides	31 g	10,4 g
Acides gras saturés	16 g	2,8 g
Sel	2,1 g	0,3 g

475 kcal par personne

Protéines : 18,6 g ; glucides : 70,5 g ; lipides : 10,4 g ; acides gras saturés : 2,8 g ; fibres : 9,8 g ; sucre : 5,2 g ; sel : 0,3 g

Pour 4 personnes

Préparation : 40 minutes
Cuisson : 35 minutes

- 2 c. à s. d'huile d'olive
- 350 g de pointes d'asperges épluchées et coupées en biais en morceaux de 5 cm
- 9 oignons nouveaux épluchés et émincés
- 175 g de petits pois frais ou congelés
- 250 g de fèves écossées congelées
- 2 c. à s. de basilic ciselé
- 2 c. à s. de ciboulette
- 1 c. à s. de menthe finement hachée
- le zeste de 1 citron finement râpé
- 1,7 l de bouillon de légumes
- 4 échalotes finement hachées
- 3 gousses d'ail finement hachées
- 300 g de riz carnaroli ou arborio
- 15 cl de vin blanc sec
- 25 g de parmesan râpé
- 25 g de roquette
- poivre noir fraîchement moulu

1 Faites chauffer la moitié de l'huile dans une grande poêle antiadhésive et faites revenir les asperges 4 min à feu moyen jusqu'à ce qu'elles soient uniformément dorées. Ajoutez les oignons nouveaux et laissez-les cuire 1 ou 2 min. Retirez la poêle du feu, poivrez et réservez.

2 Faites cuire à l'eau bouillante les petits pois et les fèves séparément, pendant 3 min ; égouttez-les dans une passoire. Quand les fèves sont suffisamment refroidies, éliminez la peau. Réservez.

3 Mélangez le basilic, la ciboulette, la menthe et le zeste de citron dans un bol, poivrez et réservez.

4 Faites chauffer le bouillon dans une casserole sur feu doux. Mettez le reste de l'huile dans une grande sauteuse. Ajoutez les échalotes, l'ail et faites-les revenir 3 à 4 min jusqu'à ce qu'ils soient tendres et légèrement dorés. Versez le riz et remuez 1 à 2 min à feu moyen ou fort. Quand il commence à grésiller, arrosez avec le vin et remuez jusqu'à ce que le vin soit absorbé. Continuez à ajouter du bouillon, 1 louche à la fois, de façon à ce qu'il mijote et soit absorbé avant tout nouvel ajout. Ne cessez pas de remuer pour que le risotto reste onctueux. Au bout de 20 min, le riz doit être cuit en restant légèrement croquant. Si ce n'est pas le cas, complétez avec un peu de bouillon. Poivrez, mais ne salez pas.

5 Enlevez la casserole du feu. Versez encore une louche de bouillon pour garder le riz moelleux, poivrez puis ajoutez les légumes, la moitié du mélange d'herbes et du fromage. Couvrez et laissez reposer 3 à 4 min. Mélangez le risotto doucement, en ajoutant un peu de bouillon si nécessaire. Décorez avec quelques feuilles de roquette, saupoudrez d'herbes et de parmesan, et servez.

D'AUTRES MANIÈRES D'UTILISER...

Le mélange de riz cuit

Pour changer, mélangez le riz avec des légumes frits, par exemple des poivrons, courgettes, oignons et courges. Servez ce risotto comme plat principal, ou comme accompagnement d'un poulet rôti ou d'un saumon poché.

On a utilisé de l'huile d'olive à la place du beurre.

•

Le secret : ajoutez et diversifiez les légumes verts de ce plat printanier.

•

Pour réduire les lipides, on a mis moins de parmesan.

•

Un mélange de zeste de citron et d'herbes a remplacé le sel.

Bœuf Wellington

Ce plat de fête superpose des couches d'ingrédients riches. Dans cette version plus légère, l'aspect et la saveur sont identiques, mais les calories et les matières grasses diminuent de manière significative. Un conseil : ficelez bien la viande pour lui conserver sa forme (ou demandez à votre boucher de le faire).

	Classique	Allégée
Kcal	699	350
Lipides	41 g	16,6 g
Acides gras saturés	19,3 g	5 g
Sel	1,7 g	0,8 g

350 kcal par personne

Protéines : 39,5 g ; glucides : 8,3 g ; lipides : 16,6 g ; acides gras saturés : 5 g ; fibres : 1,3 g ; sucre : 0,8 g ; sel : 0,8 g

Pour 6 personnes

Préparation : 1 heure, plus marinade, refroidissement et repos
Cuisson : environ 1 heure

Pour le bœuf

- 3 c. à s. d'huile de colza
- 1 kg de filet de bœuf maigre ficelé
- 1 bonne poignée de cèpes séchés
- 2 échalotes finement hachées
- 2 gousses d'ail finement hachées
- 140 g de champignons de Paris épluchés et hachés finement
- 2 c. à s. de persil plat haché finement
- 1 c. à s. d'estragon finement ciselé
- 100 g d'un mélange de cresson, de pousses d'épinards et de roquette
- 6 feuilles de pâte filo, chacune d'environ 38 x 30 cm (125 g au total)
- sel, poivre noir fraîchement moulu

Pour la sauce

- 1 c. à c. de farine
- 5 c. à s. de vin rouge
- 35 cl de bouillon de poulet
- 2 c. à c. de moutarde de Dijon
- poivre noir fraîchement moulu

1 Préchauffez le four à 220 °C (th. 7-8), ou 200 °C (th. 6-7) en chaleur tournante. Faites chauffer 1 c. à s. d'huile dans une grande poêle antiadhésive. Mettez-y le filet de bœuf et faites-le revenir 5 min à feu vif, en le retournant pour le saisir des deux côtés. Transférez-le dans un plat allant au four, poivrez, salez légèrement. Enfournez et laissez cuire 17 à 18 min pour une cuisson à point.

2 Pendant ce temps, mettez les cèpes dans un bol supportant la chaleur, recouvrez-les d'eau bouillante et laissez-les gonfler 20 à 30 min.

3 Versez 1 c. à s. d'huile dans la poêle, ajoutez les échalotes, l'ail et les champignons de Paris et faites-les cuire 4 à 5 min à feu vif en remuant souvent, jusqu'à évaporation de l'eau de végétation des champignons. Enlevez du feu, incorporez le persil et l'estragon, poivrez et salez légèrement. Laissez refroidir.

4 Mettez le mélange de salades dans un récipient supportant la chaleur, recouvrez-les d'eau bouillante, attendez 30 s, puis transvasez-les dans une passoire et rafraîchissez-les sous l'eau froide. Pressez-les entre vos mains pour les essorer et épongez-les dans du papier absorbant. Hachez et réservez.

5 Égouttez les cèpes en réservant 5 c. à s. de l'eau de trempage pour la sauce. Hachez-les finement et ajoutez-les au mélange de champignons réservé. Recouvrez une plaque de cuisson de papier sulfurisé.

6 Quand la viande est cuite, sortez-la du four et laissez-la reposer 10 min. Baissez la température du four à 200 °C (6-7), ou 180 °C (th. 6) en chaleur tournante. Sortez le filet de bœuf du plat (réservez le jus de cuisson pour la sauce), égouttez-le sur du papier absorbant et laissez-le refroidir.

7 Étalez une des feuilles filo sur la surface de travail, le petit côté vers vous, et badigeonnez-la d'huile. Procédez de la même façon pour 4 autres feuilles en les superposant. Enlevez la ficelle du bœuf refroidi. Étalez les feuilles de salade hachées sur la pâte, sur une surface correspondant à la taille du filet, recouvrez de champignons en appuyant délicatement, puis déposez la viande. Enveloppez-la dans les feuilles de filo en repliant bien les bords et les extrémités en dessous. Coupez la pâte en excès. Badigeonnez d'huile et placez le filet de bœuf sur la plaque de cuisson tapissée de papier sulfurisé.

8 Étalez la dernière feuille de filo sur la surface de travail, un des côtés longs vers vous, et découpez-y 5 lanières dans le sens de la largeur. Placez-les sur le filet de bœuf en les faisant se chevaucher légèrement et en retroussant un peu les extrémités vers le haut. Huilez une dernière fois et enfournez 30 min, jusqu'à ce que la pâte soit dorée. Si le dessus se colore trop vite, couvrez-le de papier d'aluminium. Sortez la viande et laissez-la reposer 5 à 10 min avant de découper.

9 Pendant ce temps, préparez la sauce. Faites chauffer le plat contenant le jus de cuisson de la viande en grattant le fond avec une cuillère en bois pour en détacher les sucs. Incorporez la farine, puis versez progressivement le vin, sans cesser de remuer. Ajoutez le bouillon et les cèpes, et laissez mijoter 8 à 10 min jusqu'à ce que la sauce réduise un peu. Il faut qu'elle ait la consistance d'un jus légèrement épaissi. Incorporez la moutarde et poivrez. Transférez le bœuf sur un plat de service et coupez des tranches larges avec un couteau aiguisé. Servez avec une ou deux cuillerées de sauce.

D'AUTRES MANIÈRES D'UTILISER...

La garniture

Le mélange de salades et de champignons constitue un excellent accompagnement pour le poulet, le saumon ou d'autres filets de poisson. Étalez le mélange de champignons sur des filets de poulet ou de poisson, enveloppez-les dans du papier sulfurisé et faites-les cuire au four.

On a utilisé de la pâte filo plutôt que de la pâte brisée pour limiter les matières grasses.

•

On a réduit le niveau d'acides gras saturés en remplaçant le beurre par de l'huile de colza.

•

On s'est servi d'une poêle antiadhésive.

•

Pour la farce, on a réalisé une duxelles de champignons légère.

•

Grâce aux herbes, à l'ail et aux cèpes, on a utilisé moins de sel.

Aubergines à la parmigiana

Point n'est besoin de généreuses quantités d'huile pour que la recette soit délicieuse. Une autre façon de cuire les aubergines, bien moins gourmande en matières grasses, et des fromages plus légers permettent de garder le goût de ce plat, tout en diminuant la quantité de lipides de plus de la moitié.

	Classique	Allégée
Kcal	394	213
Lipides	31,3 g	14,4 g
Acides gras saturés	13,2 g	5,7 g
Sel	2,2 g	0,6 g

213 kcal par personne

Protéines : 10,8 g ; glucides : 10,2 g ; lipides : 14,4 g ; acides gras saturés : 5,7 g ; fibres : 6,9 g ; sucre : 9,4 g ; sel : 0,6 g

Pour 4 personnes

Préparation : 35 minutes
Cuisson : 40 minutes

- 2 c. à s. d'huile d'olive, plus 1 c. à c.
- 1½ c. à s. de jus de citron
- 3 aubergines (750 g)
- 2 gousses d'ail finement hachées
- 625 g de tomates en conserve
- 1 c. à s. de concentré de tomate
- 1 c. à s. de basilic haché, plus une poignée de feuilles pour servir
- 100 g de ricotta
- 50 g de mozzarella
- 2 tomates coupées en tranches
- 25 g de parmesan
- sel, poivre noir fraîchement moulu

1 Préchauffez le four à 200 °C (th. 6-7), ou 180 °C (th. 6) en chaleur tournante. Faites cuire les aubergines sur une plaque antiadhésive en plusieurs fois, ou utilisez 2 ou 3 plaques en même temps. Graissez les plaques avec 1 c. à s. d'huile. Mélangez le reste d'huile avec le jus de citron. Coupez les aubergines dans le sens de la longueur en tranches de 1 cm d'épaisseur et déposez-les en une seule couche sur les plaques. Badigeonnez-les avec le mélange d'huile et de citron, poivrez, et enfournez 25 min jusqu'à ce qu'elles soient dorées. Retournez-les une fois si nécessaire.

2 Pendant ce temps, préparez la sauce tomate. Mettez 1 c. à c. d'huile à chauffer dans une casserole, ajoutez l'ail et faites-le revenir 1 min. Ajoutez les tomates en conserve, en les écrasant avec une cuillère en bois. Incorporez le concentré de tomate et le basilic haché. Poivrez et salez légèrement, puis laissez mijoter 15 min jusqu'à ce que la sauce épaississe un peu.

3 Étalez 1 à 2 c. à s. de sauce dans un plat d'environ 25 x 20 x 5 cm allant au four. Ajoutez un tiers des aubergines cuites en les plaçant de façon à ce qu'elles se chevauchent. Recouvrez-les avec plus du tiers de la sauce, la moitié de la ricotta et de la mozzarella. Parsemez de la moitié des feuilles de basilic déchiquetées, et poivrez. Renouvelez l'opération, puis terminez par une couche d'aubergines, et nappez le tout du reste de sauce. Posez les tranches de tomates par-dessus, poivrez et saupoudrez de parmesan.

4 Enfournez 15 min à la même température, jusqu'à ce que le contenu du plat soit doré et bouillonne. Servez garni des feuilles de basilic restantes.

En remplaçant une grande partie de la mozzarella par de la ricotta, on a réduit les lipides et les calories.

Gratin de poisson

Ce gratin de poisson ne devrait pas poser plus de problème de réalisation que la recette classique, bien au contraire. Bien que les acides gras saturés aient été réduits de plus des trois quarts, le résultat est un riche mariage entre une sauce crémeuse, un poisson moelleux et une garniture croustillante.

	Classique	Allégée
Kcal	676	413
Lipides	38 g	15 g
Acides gras saturés	19 g	4 g
Sel	1,22 g	1,42 g

413 kcal par personne

Protéines : 42 g ; glucides : 30 g ; lipides : 15 g ; acides gras saturés 4 g ; fibres : 2 g ; sucre : 7 g ; sel : 1,42 g

Pour 6 personnes

Préparation : 30 minutes, plus refroidissement
Cuisson : 1 heure

- 3 c. à s. de Maïzena
- 50 cl de lait demi-écrémé
- 100 g de crevettes cuites non décortiquées
- brins de thym, de préférence du thym-citron
- 2 feuilles de laurier
- 1 gousse d'ail finement hachée
- 750 g de pommes de terre nouvelles (type charlotte), lavées et grattées
- 1 poireau épluché, lavé et finement haché
- 400 g d'églefin sans la peau
- 350 g de filet de saumon sans la peau
- 175 g de filet de haddock fumé sans la peau
- 125 g de fromage ail et fines herbes à faible teneur en matières grasses
- 2 c. à s. de persil finement haché
- 2 c. à s. d'huile d'olive
- 2 c. à s. de ciboulette
- poivre noir fraîchement moulu

1 Délayez la Maïzena dans 3 c. à s. de lait et réservez. Versez le reste du lait dans une casserole. Décortiquez les crevettes, réservez la chair, et mettez les têtes et les carapaces dans le lait avec le thym, le laurier, l'ail et un tour de moulin à poivre. Portez à ébullition, puis retirez du feu et laissez infuser 20 min.

2 Pendant ce temps, mettez les pommes de terre dans une grande casserole d'eau, portez à ébullition et faites-les cuire 20 min jusqu'à ce qu'elles soient tendres. Égouttez-les.

3 Faites cuire le poireau à la vapeur pendant 3 min, retirez du feu et réservez.

4 Versez le lait infusé à travers une passoire dans une grande sauteuse. Déposez-y les filets de poisson, portez à ébullition puis baissez le feu et laissez mijoter 3 min. Retirez du feu, couvrez et réservez 5 min. À l'aide d'une écumoire, transférez le poisson dans un plat allant au four et laissez-le tiédir. Mettez de côté la sauteuse remplie de lait. Préchauffez le four à 200 °C (th. 6-7), ou 180 °C (th. 6) en chaleur tournante.

5 Préparez la sauce. Versez la Maïzena réservée à l'étape 1 dans la sauteuse. Remettez sur le feu et remuez jusqu'à ce que le liquide épaississe. Incorporez le fromage en remuant, retirez du feu, puis ajoutez le persil et poivrez. Versez le jus rendu par les poissons. À l'aide d'une fourchette, séparez ceux-ci en gros morceaux. Répartissez les crevettes et le poireau par-dessus, poivrez. Versez la sauce et remuez délicatement pour bien la répartir, sans abîmer le poisson.

6 Écrasez grossièrement les pommes de terre, ajoutez l'huile, la ciboulette, du poivre, et étalez-les sur le poisson. Enfournez le plat et laissez cuire 25 à 30 min jusqu'à ce que la sauce bouillonne et que les pommes de terre soient dorées. Ce gratin peut être préparé la veille, conservé au réfrigérateur et mis à cuire au four au dernier moment pendant 45 min, à la température indiquée ci-dessus.

D'AUTRES MANIÈRES D'UTILISER...

La sauce

Servez-la avec des pâtes, par exemple des *conchiglie*, accompagnées de poireau émincé.

On a réduit le beurre et la crème de la sauce, et on lui a donné de l'onctuosité en y incorporant un fromage frais allégé. Pour plus de goût, on a aromatisé le lait.

•

Au lieu d'une purée au beurre et au fromage, on a utilisé des pommes de terre à la ciboulette et à l'huile d'olive.

Poulet biryani

Si cette version est légère en matières grasses et en sel, elle est en revanche riche en épices douces et parfumées, et offre le moelleux et les subtilités de la recette originale. Servez avec une raïta bien rafraîchissante.

	Classique	Allégée
Kcal	674	485
Lipides	30,5 g	11,7 g
Acides gras saturés	6,5 g	1,5 g
Sel	2 g	0,6 g

485 kcal par personne

Protéines : 40,1 g ; glucides : 51,7 g ; lipides : 11,7 g ; acides gras saturés : 1,5 g ; fibres : 2,7 g ; sucre : 7,1 g ; sel : 0,6 g

Pour 5 personnes

Préparation : 25 minutes, plus marinade et infusion
Cuisson : 1 h 15

- 3 gousses d'ail finement hachées
- 2 c. à c. de gingembre frais finement râpé
- ¼ c. à c. de cannelle en poudre
- 1 c. à c. de curcuma
- 5 c. à s. de yaourt nature
- 600 g de blancs de poulet coupés en morceaux de 5 cm
- 2 c. à s. de lait demi-écrémé
- 1 bonne pincée de filaments de safran
- 4 oignons
- 4 c. à s. d'huile de colza
- ½ c. à c. de piment fort en poudre
- 1 bâton de cannelle cassé en deux
- 5 gousses de cardamome légèrement écrasées
- 1 c. à c. de graines de cumin
- 280 g de riz basmati
- 70 cl de bouillon de poulet
- 1 c. à c. de garam masala
- feuilles fraîches de menthe et de coriandre, pour garnir
- sel, poivre noir fraîchement moulu

1 Mélangez dans un saladier l'ail, le gingembre, la cannelle, le curcuma et le yaourt, avec du poivre et ¼ de c. à c. de sel. Ajoutez les morceaux de poulet et retournez-les dans la marinade. Couvrez et réservez au réfrigérateur 1 h ou plus si vous avez le temps. Faites tiédir le lait, incorporez le safran et laissez infuser.

2 Préchauffez le four à 200 °C (th. 6-7), ou 180 °C (th. 6) en chaleur tournante. Émincez finement 2 oignons. Versez 1½ c. à s. d'huile sur une plaque de cuisson. Déposez les oignons émincés et remuez-les pour les enrober d'huile, puis étalez-les en une couche fine. Enfournez 40 à 45 min, en remuant à mi-cuisson, pour qu'ils soient bien dorés.

3 Pendant ce temps, hachez finement les oignons restants. Faites chauffer 1 c. à s. d'huile dans une grande poêle et faites-les revenir 4 à 5 min jusqu'à ce qu'ils soient dorés. Ajoutez les morceaux de poulet avec la marinade, une cuillerée à la fois, et attendez que la chair devienne opaque avant d'ajouter la cuillerée suivante (afin d'éviter que le yaourt ne tourne). Laissez cuire 5 min. Ajoutez le piment, 10 cl d'eau, remuez bien, couvrez et laissez mijoter 15 min. Enlevez la poêle du feu et réservez.

4 Faites chauffer 1 c. à s. d'huile dans une grande sauteuse, ajoutez le bâton de cannelle, les gousses de cardamome et les graines de cumin. Laissez frire brièvement, jusqu'à ce que l'arôme se dégage. Ajoutez le riz en remuant constamment pendant 1 min. Incorporez le bouillon et portez à ébullition, puis baissez le feu et laissez mijoter 8 min à couvert, jusqu'à ce que le liquide ait été absorbé. Retirez la sauteuse du feu en laissant le couvercle et attendez quelques minutes, le temps que le riz gonfle. Mélangez le garam masala et l'huile restante. Réservez. Quand les oignons sont rôtis, sortez-les du four et réduisez la température à 180 °C (th. 6), ou 160 °C (th. 5-6) en chaleur tournante.

5 Mettez la moitié du poulet et de son jus dans un plat allant au four, de 25 x 18 x 6 cm, puis couvrez-le avec un tiers des oignons rôtis. Retirez toutes les épices du riz et étalez-en la moitié sur le poulet et les oignons. Ajoutez le reste du poulet et encore un tiers des oignons. Recouvrez du riz restant et arrosez avec le lait où a infusé le safran. Parsemez le reste des oignons, couvrez le plat de papier d'aluminium et enfournez 25 min. Servez avec les feuilles de menthe et de coriandre en garniture.

Pour limiter les acides gras saturés, on a remplacé le beurre par de l'huile de colza et du yaourt nature.

•

On a choisi des blancs de poulet pour réduire les lipides.

•

Un bon assortiment d'épices et d'herbes permet de moins saler.

•

Pour utiliser moins d'huile, les oignons ont été rôtis et non frits.

Paella

Cette spécialité espagnole associe harmonieusement viandes et fruits de mer. Pour limiter la quantité de sel, la recette a été légèrement modifiée, sans pour autant altérer son goût authentique.

	Classique	Allégée
Kcal	729	609
Lipides	25 g	8,6 g
Acides gras saturés	7,5 g	2 g
Sel	2,3 g	1,9 g

609 kcal par personne

Protéines : 48,5 g ; glucides : 77,5 g ; lipides : 8,6 g ; acides gras saturés : 2 g ; fibres : 6,9 g ; sucre : 8,5 g ; sel : 1,9 g

Pour 4 personnes

Préparation : 25 minutes, plus marinade
Cuisson : 30 minutes

- ¼ de c. à c. de filaments de safran
- 200 g de crevettes cuites non décortiquées, fraîches ou décongelées
- 1½ c. à s. d'huile d'olive
- 3 tranches de prosciutto dégraissées et grossièrement hachées
- 1 oignon finement haché
- 3 grosses gousses d'ail finement hachées
- 450 g de blancs de poulet, coupés en cubes
- 1 poivron rouge pelé, épépiné et émincé
- 1½ c. à c. de paprika
- ½ c. à c. de paprika fumé
- 350 g de riz espagnol spécial paella
- 60 cl de bouillon de poulet chaud
- 15 cl de vin blanc sec
- 200 g de tomates grossièrement concassées
- 100 g de petits pois congelés
- 100 g de haricots verts fins effilés et coupés en morceaux de 2,5 cm
- 1 poignée de persil plat haché
- sel, poivre noir fraîchement moulu
- quartiers de citron, pour servir

1 Mettez le safran à infuser dans 1 c. à s. d'eau chaude pendant que vous préparez la paella. Décortiquez les crevettes en laissant les queues.

2 Faites chauffer 1 c. à s. d'huile dans une poêle à paella ou une sauteuse profonde et faites frire le prosciutto 1 min jusqu'à ce qu'il soit croustillant. Sortez-le avec une écumoire et réservez. Mettez l'oignon et l'ail dans la poêle et faites-les fondre 4 à 5 min, en remuant de temps en temps. Versez l'huile qui reste, ajoutez le poulet, laissez cuire 5 min à feu moyen, puis incorporez le poivron rouge, les deux paprikas et le riz.

3 Arrosez avec le bouillon, le vin, 15 cl d'eau bouillante et le safran dans son liquide. Grattez le fond de la sauteuse pour en décoller les sucs et mélangez bien. Ajoutez les tomates concassées, couvrez et laissez cuire 10 min à feu moyen, en remuant si nécessaire. Ajoutez les petits pois et les crevettes et poursuivez la cuisson à couvert 4 à 5 min, jusqu'à ce que le riz soit cuit et que la plus grande partie du liquide ait été absorbée. Pendant ce temps, faites cuire les haricots verts à la vapeur 4 à 5 min, puis transférez-les dans la sauteuse.

4 Retirez la sauteuse du feu et laissez reposer 5 min toujours à couvert. Assaisonnez selon votre goût avec du poivre et un peu de sel, mélangez et parsemez de persil et de prosciutto croustillant. Servez avec des quartiers de citron.

Pour alléger en lipides, on a préféré le prosciutto au chorizo et on a compensé une éventuelle perte de saveur avec du paprika fumé.

DESSERTS DIABLEMENT BONS

Cheesecake new-yorkais

Ce classique dessert new-yorkais a beau être allégé ici, il possède une consistance crémeuse, un léger goût acidulé et un biscuit gourmand, toutes les caractéristiques qui le rendent totalement irrésistible.

	Classique	Allégée
Kcal	665	315
Lipides	49 g	15 g
Acides gras saturés	30,2 g	8 g
Sucre	32,6 g	28 g

315 kcal par personne

Protéines : 9 g ; glucides : 37 g ; lipides : 15 g ; acides gras saturés : 8 g ; fibres : 1 g ; sucre : 28 g ; sel : 0,89 g

Pour 10 personnes

Préparation : 25 minutes, plus refroidissement et réfrigération
Cuisson : 50 minutes

Pour le biscuit

- 35 g de beurre
- 85 g de petits-beurre finement émiettés

Pour la garniture

- 600 g de fromage à tartiner allégé, à température ambiante
- 175 g de sucre roux
- 3 c. à s. de Maïzena
- 1½ c. à c. de zeste de citron finement râpé
- 1 c. à c. de jus de citron
- 1 c. à c. d'extrait de vanille
- 3 œufs battus, à température ambiante
- 150 g de fromage frais à 0 % de matières grasses (petits-suisses par exemple)

Pour le sirop de myrtilles et le glaçage

- 25 g de sucre roux
- 225 g de myrtilles
- ½ c. à c. de zeste de citron vert finement râpé
- 100 g de fromage frais à 0 % de matières grasses (petits-suisses par exemple)

1 Préchauffez le four à 180 °C (th. 6), ou 160 °C (th. 5-6) en chaleur tournante. Tapissez un moule de 20 cm de diamètre à fond amovible avec du papier sulfurisé et posez-le sur une plaque de cuisson. Faites fondre le beurre dans une casserole. Mélangez les biscuits avec le beurre fondu, puis pressez cette préparation dans le fond du moule. Enfournez 10 min. Sortez le plat du four et montez la température à 240 °C (th. 8), ou 220 °C (th. 7-8) en chaleur tournante.

2 Dans un saladier, fouettez le fromage à tartiner avec un batteur électrique, à faible vitesse, jusqu'à obtenir une consistance onctueuse. Ajoutez le sucre petit à petit, puis la Maïzena. Incorporez le zeste et le jus de citron, la vanille et les œufs. Raclez les bords du saladier pour bien mélanger les ingrédients, et ajoutez le fromage frais. La préparation doit être homogène et assez souple.

3 Versez la préparation dans le moule. Tapez légèrement le moule sur le plan de travail pour égaliser la surface et écrasez les éventuelles bulles avec une cuillère à café. Enfournez 10 min, puis baissez la température à 110 °C (th. 3-4), ou 90 °C (th. 3) en chaleur tournante, et poursuivez la cuisson 25 min. Laissez la porte entrouverte pendant les trois premières minutes. Au bout de 25 min, la garniture doit trembloter au centre quand vous secouez le moule. Si vous prolongez la cuisson pour qu'il soit plus ferme, le gâteau risque de se craqueler ensuite. Laissez-le reposer 2 h dans le four éteint, porte fermée, puis sortez-le et passez la lame d'un couteau à bout rond entre les bords et le moule. Laissez refroidir 1 h à 1 h 30.

4 Pendant ce temps, faites chauffer le sucre dans une petite casserole avec 3 c. à s. d'eau, en remuant pour le dissoudre, puis attendez 1 à 2 min jusqu'à obtenir un sirop fluide. Ajoutez les myrtilles en tournant délicatement et laissez cuire 1 min, le temps que les fruits éclatent légèrement. Incorporez le zeste de citron vert et laissez refroidir.

5 Battez légèrement le fromage frais à la fourchette pour le lisser et étalez-le sur le gâteau refroidi. Couvrez-le de papier sulfurisé et réservez 4 h (ou toute une nuit) au réfrigérateur. Sortez le cheesecake 1 h avant de le servir. Démoulez-le sur un plat et décollez le papier sulfurisé. Servez chaque part avec une cuillerée à soupe du sirop de myrtilles.

En réalisant un biscuit assez fin et en utilisant du fromage à tartiner allégé, on a réduit les lipides. Pour les limiter davantage, on a glacé le gâteau avec du fromage frais.

•

Il n'est pas utile d'ajouter des jaunes d'œufs, comme le veut la tradition.

•

On a supprimé le sucre du biscuit et diminué sa quantité dans la garniture.

Panacotta au café

Difficile de résister à ce dessert italien ! Sa réalisation demande cependant beaucoup de crème, d'où une teneur en lipides assez importante. Cette version, aussi crémeuse et douce au palais, présente l'avantage d'être pauvre en matières grasses et en calories.

	Classique	Allégée
Kcal	591	270
Lipides	54,2 g	19,2 g
Acides gras saturés	33,7 g	12,2 g
Sucre	23,4 g	17,7 g

270 kcal par personne

Protéines : 6,4 g ; glucides : 17,8 g ; lipides : 19,2 g ; acides gras saturés : 12,2 g ; fibres : 0 g ; sucre : 17,7 g ; sel : 0,2 g

Pour 4 personnes

Préparation : 15 minutes, plus infusion, refroidissement et réfrigération
Cuisson : 3 minutes

- 12,5 cl de crème fleurette à 15 % de matières grasses
- 50 g de sucre roux
- ½ gousse de vanille fendue dans le sens de la longueur
- 2 petites feuilles de gélatine
- 2 c. à c. de de café instantané
- 250 g de yaourt à la grecque
- 15 cl de babeurre
- cacao en poudre, pour saupoudrer

1 Mettez la crème et le sucre dans une petite casserole. Grattez la gousse de vanille avec un couteau, et ajouter les graines ainsi que la gousse dans la casserole. Remuez à feu doux jusqu'à ce que le sucre soit fondu. Portez à ébullition, puis ôtez du feu et laissez infuser 5 min.

2 Pendant ce temps, placez les feuilles de gélatine dans une assiette creuse et recouvrez-les d'eau. Laissez tremper 4 à 5 min.

3 Égouttez les feuilles de gélatine, pressez-les bien pour les débarrasser de l'excès d'eau et ajoutez-les à la crème chaude en remuant jusqu'à ce qu'elles fondent. Ajoutez le café instantané. Laissez le mélange refroidir en remuant de temps à autre pour éviter qu'il ne durcisse ; il doit rester assez liquide.

4 Enlevez la gousse de vanille. Battez le yaourt et le babeurre dans un grand bol verseur, puis incorporez peu à peu le mélange froid de café. Remplissez 4 petits moules à darioles (15 cl) et réservez-les 4 à 5 h ou toute une nuit au réfrigérateur.

5 Au moment de servir, plongez chaque moule dans un bol d'eau très chaude pendant quelques secondes, puis retournez-le sur une petite assiette. Si le démoulage ne se fait pas bien, replongez le moule dans l'eau chaude. Saupoudrez de cacao.

On a remplacé la crème fraîche par un mélange de crème allégée, de yaourt à la grecque et de babeurre.

Tarte au chocolat

Deux tiers de lipides en moins que dans la recette traditionnelle ! Les gourmands peuvent la servir avec une cuillerée de crème fraîche allégée, mais les acides gras saturés passent alors à 15,3 g par part.

	Classique	Allégée
Kcal	542	243
Lipides	39,4 g	13,4 g
Acides gras saturés	24,2 g	7,3 g
Sucre	25,1 g	13,7 g

243 kcal par personne

Protéines : 4,4 g ; glucides : 25,8 g ; lipides : 13,4 g ; acides gras saturés : 7,3 g ; fibres : 1,3 g ; sucre : 13,7 g ; sel : 0,3 g

Pour 8 personnes

Préparation : 35 minutes, plus refroidissement et réfrigération
Cuisson : 25 minutes

Pour la pâte

- 140 g de farine, plus un peu pour le plan de travail
- 50 g de beurre coupé en morceaux
- 2 c. à c. de cacao en poudre
- 1 c. à s. de sucre glace
- 1 c. à s. d'huile de colza
- 1 jaune d'œuf

Pour la garniture

- 100 g de chocolat noir à 70 % de cacao cassé en morceaux
- 1 c. à s. de cacao en poudre, plus ½ c. à c. pour saupoudrer
- ¾ c. à c. de café instantané
- ½ c. à c. d'extrait de vanille
- 2 c. à s. de lait demi-écrémé
- 2 blancs d'œufs
- 2 c. à s. de sucre de canne complet (muscovado)
- 85 g de crème fraîche à 30 % de matières grasses, plus un peu pour servir (en option)

1 Mettez la farine dans un saladier. Ajoutez le beurre avec les doigts, jusqu'à ce que le mélange ressemble à une fine chapelure. Incorporez le cacao et le sucre glace, puis, à l'aide d'une cuillère en bois, l'huile, le jaune d'œuf et 1½ à 2 c. à s. d'eau froide, jusqu'à ce que la pâte devienne homogène. Roulez-la en boule, puis étalez-la sur le plan de travail légèrement fariné, jusqu'à ce qu'elle soit assez grande pour un moule rond de 20 cm de diamètre à fond amovible. Foncez le moule avec la pâte, en la laissant déborder. Piquez le fond avec une fourchette, puis réservez 10 min au réfrigérateur.

2 Préchauffez le four à 190 °C (th. 6-7), ou 170 °C (th. 5-6) en chaleur tournante. Placez le moule sur une plaque. Recouvrez la pâte de papier sulfurisé et remplissez de billes de cuisson ou de haricots secs. Enfournez 15 min, puis enlevez avec précaution les billes ou les haricots et le papier, et poursuivez la cuisson 10 min jusqu'à ce que la pâte soit cuite. Sortez le moule du four, égalisez les bords avec un couteau aiguisé et laissez refroidir.

3 Pour la garniture, mettez le chocolat dans un grand saladier qui supporte la chaleur et placez celui-ci au-dessus d'une casserole d'eau frémissante. Mélangez le cacao, le café et l'extrait de vanille avec le lait, et ajoutez au chocolat. Remuez, puis retirez immédiatement la casserole du feu. Mélangez de temps en temps, jusqu'à ce que le chocolat fonde. Continuez à tourner la préparation qui doit devenir très épaisse. Incorporez 2 c. à s. d'eau bouillante pour la rendre plus fluide et onctueuse. Enlevez le saladier de la casserole et laissez refroidir légèrement.

4 Battez les blancs d'œufs en neige, puis ajoutez le sucre en plusieurs fois jusqu'à obtenir une consistance épaisse et brillante. Incorporez la crème fraîche au chocolat refroidi, puis un tiers des blancs en neige avec une cuillère en bois. Ajoutez le reste des blancs d'œufs, un tiers à la fois, jusqu'à obtenir un mélange homogène. Démoulez la pâte et posez-la sur un plat de service. Remplissez-la avec la garniture, cuillerée par cuillerée, puis égalisez la surface. Réservez au réfrigérateur 3 h ou toute une nuit. Servez la tarte saupoudrée de cacao et accompagnée de crème fraîche si vous le souhaitez.

Un excellent moyen de réduire les graisses saturées de la pâte consiste à remplacer une partie du beurre par de l'huile de colza.

•

On a utilisé de la crème fraîche à 30 % associée à des blancs d'œufs battus en neige pour garder la consistance.

•

Un chocolat noir de bonne qualité permet d'en utiliser moins. Le goût a été renforcé par un peu de cacao.

¼ ¼ ½ kcal 1

Folie aux fraises

Les fraises bien mûres et la crème fouettée sucrée se complètent à merveille mais composent un dessert très riche en matières grasses. En modifiant certains ingrédients, on peut obtenir une combinaison aussi réussie de saveurs et de textures tout en réduisant fortement les lipides.

	Classique	Allégée
Kcal	452	169
Lipides	40,4 g	9,1 g
Acides gras saturés	25 g	5,8 g
Sucre	20 g	15 g

169 kcal par personne

Protéines : 5,3 g ; glucides : 15 g ; lipides : 9,1 g ; acides gras saturés : 5,8 g ; fibres : 1,8 g ; sucre : 15 g ; sel : 0,1 g

Pour 4 personnes

Préparation : 20 minutes, plus réfrigération

- 500 g de fraises équeutées
- 1 c. à s. de sucre roux, plus 1 c. à c.
- 2 c. à c. de crème de cassis
- 5 cl de crème fleurette à 15 % de matières grasses
- 140 g de yaourt à la grecque
- 85 g de crème fraîche à 30 % de matières grasses

1 Coupez les fraises grossièrement et écrasez-les avec le sucre et la crème de cassis à l'aide d'une fourchette. Si les fraises ne sont pas très mûres, utilisez un mixeur, mais en faisant en sorte qu'il reste quelques morceaux de fruits.

2 Mettez les fraises dans une passoire fine au-dessus d'un saladier et laissez-les égoutter environ 10 min.

3 Battez la crème fleurette dans un grand bol, puis incorporez le yaourt et la crème fraîche. Ajoutez les fraises écrasées en réservant le jus. Répartissez cette crème aux fraises dans des verrines et réservez 1 à 2 h au réfrigérateur avant de déguster. Servez avec le jus réservé.

Grâce à un mélange de yaourt à la grecque, de crème fraîche allégée et de crème fleurette, on a réduit les lipides et les graisses saturées.

Pudding aux fruits et à la crème anglaise

Une bonne façon d'alléger cette recette, sans trop la modifier, consiste à y introduire davantage de fruits. Quant à la cuisson régulière et douce au bain-marie, elle empêche la pâte de sécher. Le pudding reste donc moelleux et délicieux.

	Classique	Allégée
Kcal	529	318
Lipides	28 g	14 g
Acides gras saturés	16 g	8 g
Sucre	50 g	27 g

318 kcal par part de pudding

Protéines : 5 g ; glucides : 45 g ; lipides : 14 g ; acides gras saturés : 8 g ; sucre : 27 g ; sel : 0,69 g

	Classique	Allégée
Kcal	209	115
Lipides	14,3 g	7 g
Acides gras saturés	7,2 g	4 g
Sucre	17,5 g	8 g

115 kcal par part de crème anglaise

Protéines : 3 g ; glucides : 11 g ; lipides : 7 g ; acides gras saturés : 4 g ; sucre : 8 g ; sel : 0,10 g

Pour 6 personnes

Préparation : 20 minutes
Cuisson : 1 h 15

Pour le pudding

- 85 g de beurre à température ambiante, plus un peu pour le moule
- 1 grosse pomme pelée, épépinée et coupée en quartiers
- 140 g de mûres, ou de framboises, fraîches ou congelées
- 50 g de sucre roux, plus 2 c. à s.
- 140 g de farine
- 1½ c. à c. de levure
- 50 g de sucre de canne complet (muscovado)
- 2 œufs
- 2 c. à s. de lait demi-écrémé
- le zeste de 1 orange finement râpé

Pour la crème anglaise

- 25 g de sucre roux
- 1½ c. à c. de custard en poudre
- 1½ c. à c. de Maïzena
- 30 cl de lait demi-écrémé
- 1 jaune d'œuf
- 1 gousse de vanille
- 20 cl de crème fraîche à 30 % de matières grasses

1 Beurrez légèrement un moule à pudding de 1 litre. Préchauffez le four à 180 °C (th. 6), ou 160 °C (th. 5-6) en chaleur tournante. Râpez grossièrement un des quartiers de pomme et hachez finement le reste. Mélangez la pomme hachée aux mûres (ou aux framboises), ajoutez les 2 c. à s. de sucre roux et mettez la moitié de cette préparation dans le fond du moule.

2 Mélangez la farine et la levure. Dans un grand saladier, fouettez les deux sucres et le beurre à l'aide d'un mixeur jusqu'à obtenir une consistance légère et crémeuse. Cassez un œuf dans le saladier, battez bien, puis ajoutez l'autre œuf. Saupoudrez la moitié de la farine sur la préparation et incorporez-la. Versez la moitié du lait, mélangez délicatement, puis répétez l'opération avec le reste de farine et de lait, et ajoutez le zeste d'orange et la pomme râpée.

3 Versez les deux tiers du mélange dans le moule et égalisez la surface. Disposez le reste des fruits puis le reste de pâte. Placez le moule dans un plat allant au four et à demi-rempli d'eau chaude. Enfournez et laissez cuire 1 h 15 (recouvrez le moule de papier sulfurisé pendant les 15 dernières minutes de cuisson si le pudding brunit trop rapidement), jusqu'à ce qu'une brochette enfoncée au centre ressorte propre.

4 Pendant la cuisson du pudding, préparez la crème anglaise. Réalisez une pâte en mélangeant dans un bol le sucre, la custard en poudre et la Maïzena avec 1 c. à s. de lait. Ajoutez le jaune d'œuf et mélangez bien. Versez le reste de lait dans une casserole, fendez la gousse de vanille en deux dans le sens de la longueur et récupérez les graines en les raclant avec un couteau. Ajoutez-les au lait ainsi que la gousse et portez à ébullition. Versez le lait sur la pâte de Maïzena et remuez. Transvasez dans une autre casserole et laissez cuire à feu moyen sans cesser de remuer, jusqu'à ce que le mélange soit assez épais pour enrober le dos de la cuillère. Retirez du feu et incorporez la crème fraîche en remuant.

5 Passez la lame d'un couteau à bout rond le long des parois, puis retournez le moule avec précaution sur un plat. Servez avec la crème anglaise en accompagnement.

Pour limiter les lipides, on a réalisé le pudding avec du lait demi-écrémé et moins de beurre et d'œufs.

•

Pour alléger davantage la recette, on a utilisé du lait demi-écrémé et de la crème à 30 %, et remplacé des jaunes d'œufs par de la custard en poudre et de la Maïzena.

•

L'astuce pour obtenir un pudding moins sucré mais tout aussi savoureux est de remplacer une partie du sucre par du zeste d'orange et des fruits.

Pudding à la mélasse

S'il entre traditionnellement beaucoup de sucre et de matières grasses dans la composition de ce pudding, leur quantité est ici bien réduite. La pâte légère et moelleuse offre un bon équilibre entre saveur et douceur.

	Classique	Allégée
Kcal	540	359
Lipides	27,8 g	12,6 g
Acides gras saturés	16,5 g	3,7 g
Sucre	46,9 g	33,1 g

359 kcal par personne

Protéines : 7,4 g ; glucides : 53,6 g ; lipides : 12,6 g ; acides gras saturés : 3,7 g ; fibres : 1,2 g ; sucre : 33,1 g ; sel : 0,9 g

Pour 6 personnes

Préparation : 25 minutes
Cuisson : 20-25 minutes

- 2 c. à s. d'huile de colza, plus un peu pour les ramequins.
- 5 c. à s. de *golden syrup* (ou de sirop d'érable)
- 1 petite orange (½ c. à c. de zeste finement râpé, plus 2 c. à s. et 1 c. à c. de jus)
- 175 g de farine
- 1½ c. à c. de levure
- 100 g de sucre de canne complet (muscovado)
- 25 g d'amandes en poudre
- 2 œufs
- 175 g de yaourt nature
- 1 c. à c. de mélasse noire
- 25 g de beurre fondu

1 Préchauffez le four à 180 °C (th. 6), ou 160 °C (th. 5-6) en chaleur tournante. Graissez 6 ramequins avec un peu d'huile et placez-les sur une plaque de cuisson. Mélangez 4 c. à s. du *golden syrup*, le zeste d'orange et les 2 c. à s. de jus d'orange et mettez-en un peu au fond de chaque moule à l'aide d'une petite cuillère.

2 Dans un saladier, mélangez la farine, la levure, le sucre et les amandes et faites un puits. Battez les œufs dans un bol avec le yaourt et la mélasse. Versez ce mélange avec le beurre fondu et 2 c. à s. d'huile dans le saladier et remuez avec une cuillère en bois, jusqu'à obtenir une consistance homogène. Répartissez la pâte entre les ramequins. Enfournez et laissez cuire 20 à 25 min, jusqu'à ce que les puddings aient levé et paraissent fermes.

3 Mélangez le *golden syrup* et le jus d'orange restants et arrosez-en les puddings. Égalisez leur surface si nécessaire, de façon à ce qu'ils tiennent debout quand vous les démoulerez. Passez la lame d'un couteau à bout rond le long des parois, puis retournez les moules avec précaution sur des assiettes. Récupérez le sirop au fond des moules et versez-le en filet autour des puddings.

Du yaourt et de l'huile de colza à la place du beurre permettent de réduire les graisses saturées.

⅓ ⅓

Tiramisu

Le tiramisu fait partie des desserts largement plébiscités qui demandent à être allégés en raison de leur teneur en lipides. Pour conserver la texture crémeuse et subtilement parfumée de ce gâteau, la solution consiste à équilibrer les parts de mascarpone et de crème fraîche.

	Classique	Allégée
Kcal	442	220
Lipides	30,6 g	10,1 g
Acides gras saturés	17,7 g	5,8 g
Sucre	24,9 g	17,4 g

220 kcal par personne

Protéines : 5,7 g ; glucides : 25,5 g ; lipides : 10,1 g ; acides gras saturés : 5,8 g ; fibres : 0,3 g ; sucre : 17,4 g ; sel : 0,25 g

Pour 8 personnes

Préparation : 35 minutes, plus refroidissement et réfrigération
Cuisson : 10 minutes

- 25 cl de café chaud et fort
- 2 c. à s. de sucre roux
- 5 c. à s. de marsala
- 1 c. à s. de Maïzena
- 15 cl de lait demi-écrémé
- 1 œuf
- ½ gousse de vanille fendue dans le sens de la longueur
- 85 g de crème fraîche à 30 % de matières grasses
- 140 g de mascarpone allégé
- 100 g de fromage blanc allégé
- 18 boudoirs
- ½ c. à c. de cacao en poudre, pour saupoudrer
- framboises fraîches pour décorer (en option)

1 Mettez le café dans un bol supportant la chaleur. Incorporez 1 c. à s. de sucre puis 4 c. à s. de marsala en remuant et laissez refroidir.

2 Pendant ce temps, préparez la garniture. Mettez le reste du sucre et la Maïzena dans une casserole antiadhésive de taille moyenne, ajoutez 1 c. à s. de lait et mélangez pour obtenir une pâte fine et lisse. Cassez l'œuf et séparez le blanc du jaune. Réservez le blanc dans un bol. Battez le jaune et ajoutez-le à la pâte, puis versez le reste du lait. Grattez la gousse de vanille avec un couteau et ajoutez les graines dans la casserole ainsi que la gousse. Faites cuire 8 à 10 min à petit feu et sans cesser de remuer, jusqu'à ce que le mélange enrobe le dos de la cuillère. Ôtez du feu, ajoutez la crème fraîche et le reste de marsala. Transférez la préparation dans un saladier, couvrez d'un film alimentaire et laissez refroidir.

3 Tapissez un moule à cake de 23 x 13 x 6 cm avec du film alimentaire en le laissant largement déborder. Battez le mascarpone et le fromage blanc et incorporez-les à la préparation froide. Montez le blanc d'œuf en neige et ajoutez-le délicatement avec une cuillère. La garniture est prête.

4 Trempez rapidement 6 boudoirs l'un après l'autre dans la préparation au café et disposez-les dans le sens de la longueur dans le fond du moule, en les ajustant si nécessaire pour bien le recouvrir. Enlevez la gousse de vanille de la garniture et étalez-en la moitié sur les biscuits ; renouvelez l'opération avec 6 autres biscuits trempés dans le café. Ajoutez une dernière couche de garniture, puis les biscuits restants imprégnés de café. Repliez le film alimentaire sur les biscuits et réservez toute une nuit au réfrigérateur.

5 Pour servir, retournez le moule sur un plat de service et enlevez le film alimentaire avec précaution. Saupoudrez de cacao et décorez avec des framboises, si vous le souhaitez. Coupez en tranches et servez le jour même.

En remplaçant le sabayon traditionnel par une crème anglaise, on a utilisé moins de jaunes d'œufs et de sucre.

•

Pour limiter les matières grasses, on a ajouté un blanc d'œuf battu en neige et du fromage blanc allégé, ce qui a permis de diminuer la quantité de mascarpone (lui aussi allégé).

•

En confectionnant le tiramisu dans un moule à cake, on a pu couper des tranches et servir des petites portions.

Tarte au citron

Tant la pâte que la garniture délicieusement acidulée de cette tarte nécessitent une bonne quantité de beurre et de sucre. Mais leur réduction n'enlève rien au bon goût de la pâte et à la saveur de la crème au citron.

	Classique	Allégée
Kcal	323	186
Lipides	18 g	9 g
Acides gras saturés	9 g	4 g
Sucre	27 g	15 g

186 kcal par personne

Protéines : 4 g ; glucides : 24 g ; lipides : 9 g ; acides gras saturés : 4 g ; fibres : 0 g ; sucre : 15 g ; sel : 0,14 g

Pour 12 personnes

Préparation : 35 minutes, plus refroidissement et repos
Cuisson : 50-55 minutes

On a limité les lipides en mettant de l'huile de colza dans la pâte, en réduisant la quantité d'œufs de la garniture et en utilisant de la crème fraîche à 30 %.

Pour la pâte

- 50 g de beurre coupé en morceaux
- 140 g de farine, plus un peu pour le plan de travail
- 1 c. à s. de sucre glace tamisé, plus un peu pour saupoudrer
- 1 c. à s. d'huile de colza vierge extra
- 1 jaune d'œuf

Pour la garniture

- 3 œufs, plus 2 blancs d'œufs
- 140 g de sucre glace, plus un peu pour saupoudrer
- 2 c. à s. de zeste de citron finement râpé
- 12,5 cl de jus de citron
- 20 cl de crème fraîche à 30 % de matières grasses

1 Dans un saladier, malaxez le beurre et la farine avec les doigts jusqu'à obtenir la texture d'une chapelure. Ajoutez le sucre glace, puis incorporez l'huile, le jaune d'œuf et 1½ à 2 c. à s. d'eau froide. Mélangez jusqu'à ce que la pâte soit homogène. Sans trop la pétrir, façonnez-la en boule. Sur une surface légèrement farinée, étalez-la puis foncez un moule à tarte de 23 cm de diamètre à fond amovible. Pressez la pâte dans les cannelures pour qu'elle adhère bien aux parois et coupez le surplus en faisant rouler le rouleau à pâtisserie sur le bord du moule. Piquez la pâte avec une fourchette, puis laissez-la reposer environ 10 min au réfrigérateur. Préchauffez le four à 190 °C (th. 6-7), ou 170 °C (th. 5-6) en chaleur tournante.

2 Dans un saladier, battez les œufs entiers et les blancs d'œufs avec une cuillère en bois. Versez le sucre glace dans un autre saladier et ajoutez les œufs petit à petit. Si le mélange présente des grumeaux, utilisez un fouet. Incorporez le zeste de citron et le jus. Laissez reposez pendant la cuisson de la pâte.

3 Placez le moule sur une plaque de cuisson. Recouvrez la pâte de papier sulfurisé, remplissez de billes de cuisson ou de haricots secs et enfournez 20 min. Enlevez avec précaution les billes ou les haricots et le papier, et poursuivez la cuisson 3 à 5 min, jusqu'à ce que la pâte soit cuite et bien dorée.

4 Passez le mélange œufs-citron à travers un tamis. Fouettez la crème fraîche dans un bol jusqu'à ce qu'elle soit onctueuse, puis incorporez lentement le mélange au citron en remuant jusqu'à obtenir une préparation homogène. Transvasez dans un bol verseur et versez les deux tiers dans la pâte encore chaude. Enfournez la plaque de cuisson à moitié, ajoutez le reste de la garniture, puis glissez doucement la plaque en place. Baissez la chaleur du four à 150 °C (th. 5), ou 130 °C (th. 4-5) en chaleur tournante. Laissez cuire 25 à 30 min. Laissez refroidir environ 1 h et servez la tarte saupoudrée de sucre glace. Il est préférable de la déguster le jour même.

½ ⅓ ½ kcal

Trifle aux myrtilles

Il était impératif de respecter l'agencement des couches colorées et des textures de cette recette raffinée, tout en essayant de la rendre plus légère. La crème pâtissière, la génoise et les fruits peuvent être préparés à l'avance.

	Classique	Allégée
Kcal	713 g	292
Lipides	53 g	18 g
Acides gras saturés	28 g	10 g
Sucre	34 g	20 g

292 kcal par personne

Protéines : 8 g ; glucides : 26 g ; lipides : 18 g ; acides gras saturés : 10 g ; fibres : 1g ; sucre : 20 g ; sel : 0,28 g

Pour 8 personnes

Préparation : 30 minutes, plus refroidissement et réfrigération
Cuisson : 30 minutes

Pour la crème pâtissière

- 25 g de sucre roux
- 2 c. à c. de custard en poudre
- 2½ c. à c. de Maïzena
- 35 cl de lait demi-écrémé
- 1 jaune d'œuf
- 1 gousse de vanille fendue dans le sens de la longueur
- 20 cl de crème fraîche à 30 % de matières grasses

Pour la génoise

- huile de colza, pour le moule
- 50 g de sucre roux
- 2 œufs
- 50 g de farine
- 2 c. à s. de myrtilles sauvages en compote, sans sucre ajouté
- 3 c. à s. de marsala

Pour les fruits

- 2 c. à s. de sucre roux
- le zeste de 1 petit citron vert finement râpé
- 225 g de myrtilles fraîches

Pour le nappage

- 200 g de yaourt à la grecque
- 250 g de mascarpone allégé
- 2 c. à c. de sucre roux

1 Préparez la crème pâtissière. Dans un saladier, mélangez le sucre, la custard en poudre et la Maïzena avec 1 c. à s. du lait jusqu'à obtenir une pâte fluide, puis ajoutez le jaune d'œuf battu. Mettez le lait restant dans une casserole, ajoutez les graines de vanille en les raclant, puis la gousse. Portez à frémissement, mais sans faire bouillir. Versez le lait chaud dans le saladier, mélangez rapidement puis transvasez dans une autre casserole. Faites cuire à feu moyen sans cesser de remuer jusqu'à épaississement. Retirez la casserole du feu et incorporez la crème fraîche pour obtenir une préparation homogène. Versez la crème pâtissière dans un saladier, couvrez d'un film alimentaire pour empêcher la formation d'une peau à la surface et laissez refroidir, avant de réserver au réfrigérateur.

2 Préparez la génoise. Préchauffez le four à 180 °C (th. 6), ou 160 °C (th. 5-6) en chaleur tournante. Graissez légèrement un moule de 20 cm de diamètre avec l'huile de colza, puis tapissez-le de papier sulfurisé. Dans un récipient, fouettez le sucre et les œufs 5 min, jusqu'à ce que le mélange épaississe et blanchisse. Tamisez la farine et incorporez-la rapidement. Transférez la pâte obtenue dans le moule sans la tasser et égalisez la surface. Enfournez 25 min jusqu'à ce que le gâteau lève, sortez-le du four et laissez-le refroidir sur une grille. Démoulez la génoise et coupez-la en deux. Partagez un demi-cercle (l'autre peut être congelé) en deux dans le sens de l'épaisseur, tartinez les deux côtés de compote de myrtilles et placez-les l'un sur l'autre.

3 Préparez les fruits. Mettez le sucre et le zeste de citron vert dans une casserole avec 2 c. à s. d'eau. Portez doucement à ébullition jusqu'à ce que le sucre ait fondu, puis laissez mijoter 1½ à 2 min pour obtenir un sirop. Ajoutez les myrtilles et faites-les cuire très brièvement, en remuant une ou deux fois, jusqu'à ce qu'elles commencent à éclater et libérer leur jus (tout en restant entières). Laissez refroidir et réservez.

4 Deux ou trois heures avant le service, coupez en cubes la génoise à la compote de myrtilles et placez-les au fond d'un verre. Arrosez-les de marsala. Conservez un quart des myrtilles pour la décoration, et répartissez le reste sur la génoise avec un peu de sirop. Ôtez la gousse de vanille de la crème et versez celle-ci sur les fruits.

5 Au moment de servir, battez le yaourt, le mascarpone et le sucre, et versez ce mélange moelleux sur la crème pâtissière, avant d'ajouter les fruits réservés et le sirop. Utilisez une brochette pour faire pénétrer une partie du jus à l'intérieur. Il vaut mieux déguster le trifle le jour même.

La génoise a été réalisée sans matières grasses.

•

Pour alléger la crème pâtissière, on a réduit le nombre d'œufs et utilisé de la crème fraîche à 30 %. À base de mascarpone allégé et de yaourt à la grecque, la crème qui nappe le trifle a aussi permis de réduire les lipides.

½ 1

Tarte aux pommes

Cette tarte sucrée et fruitée, mais allégée en matières grasses et en sucre, est parfaite pour clôturer un repas en beauté sans ressentir la moindre culpabilité.

	Classique	Allégée
Kcal	376	260
Lipides	19,9 g	11,3 g
Acides gras saturés	13,6 g	5,8 g
Sucre	24,8 g	19,8 g

260 kcal par personne

Protéines : 2,7 g ; glucides : 31,4 g ; lipides : 11,3 g ; acides gras saturés : 5,8 g ; fibres : 4,4 g ; sucre : 19,8 g ; sel : 0,4 g

Pour 6 personnes

Préparation : 35 minutes, plus refroidissement
Cuisson : 50 minutes

Pour la compote

- 400 g de pommes pelées, épépinées et coupées grossièrement
- 3 c. à s. de jus de pomme
- ½ c. à c. d'extrait de vanille

Pour la pâte et la garniture

- 250 g de pâte feuilletée toute prête
- farine, pour le plan de travail
- 4 pommes (environ 550 g) pelées, épépinées et finement tranchées
- 3 c. à c. de sucre glace
- 1 c. à s. de confiture d'abricots

1 Dans une casserole de taille moyenne, faites cuire les pommes avec le jus de pomme et laissez mijoter à couvert 20 à 25 min ou jusqu'à ce qu'elles soient tendres. Augmentez le feu, écrasez les pommes en compote avec une fourchette, puis ajoutez l'extrait de vanille et laissez refroidir.

2 Préchauffez le four à 220 °C (th. 7-8), ou 200 °C (th. 6-7) en chaleur tournante. Sur une surface légèrement farinée, étalez la pâte jusqu'à obtenir un cercle d'environ 33 cm de diamètre. Repliez légèrement les bords vers l'intérieur pour créer une bordure. Versez la compote refroidie sur la pâte, puis disposez les tranches de pomme en cercles concentriques en allant de l'extérieur vers l'intérieur. Saupoudrez de 2 c. à c. de sucre glace.

3 Enfournez 20 min. Saupoudrez le reste de sucre glace et poursuivez la cuisson 5 min de plus, de façon à ce que les pommes puissent se colorer sur les bords.

4 Mélangez la confiture d'abricots avec 1 c. à s. d'eau tiède et badigeonnez-en les pommes et le rebord de la pâte pour les glacer.

N'hésitez pas à avoir la main légère avec le sucre glace car les pommes sont naturellement sucrées.

½ ⅓

Glace à la vanille

Une bonne glace est naturellement riche en matières grasses et en sucre. Les lipides, même réduits, sont indispensables car ils donnent le goût et de la consistance ; le sucre, lui, empêche la glace de se transformer en glaçon.

	Classique	Allégée
Kcal	285	148
Lipides	23 g	8 g
Acides gras saturés	12 g	4 g
Sucre	16,6 g	15 g

148 kcal par personne

Protéines : 4 g ; glucides : 17 g ; lipides : 8 g ; acides gras saturés : 4 g ; fibres : 0 g ; sucre : 15 g ; sel : 0,11 g

Pour 8 personnes

Préparation : 10 minutes, plus refroidissement et réfrigération/congélation
Cuisson : 10 minutes

- 85 g de sucre semoule ou en poudre
- 1½ c. à c. de custard en poudre
- 1½ c. à c. de Maïzena
- 50 cl de lait entier
- 2 jaunes d'œufs
- 1 gousse de vanille fendue dans le sens de la longueur
- 20 cl de crème fraîche à 30 % de matières grasses
- framboises fraîches légèrement écrasées

1 Réfrigérez la cartouche de la sorbetière, si nécessaire. On peut aussi réaliser cette recette sans sorbetière.

2 Dans un saladier, mélangez le sucre, la custard en poudre et la Maïzena avec 2 c. à s. de lait. Incorporez les jaunes d'œufs battus. Mettez le reste du lait dans une casserole, ajoutez les graines de vanille en les raclant avec un couteau et la gousse elle-même. Portez à ébullition puis versez le lait bouillant dans le saladier sans cesser de remuer. Nettoyez la casserole, transvasez le mélange et laissez cuire à feu moyen en tournant sans cesse, jusqu'à l'ébullition. La crème doit être assez épaisse pour enrober le dos de la cuillère.

3 Ôtez du feu et ajoutez la crème fraîche en mélangeant, puis transvasez la crème dans un autre saladier. Recouvrez-le de film alimentaire pour empêcher qu'une peau se forme à la surface. Laissez refroidir et réservez au réfrigérateur au moins 4 à 5 h, de préférence toute une nuit.

4 Transférez la préparation dans un bol verseur après avoir enlevé la gousse de vanille. Mettez en route la sorbetière, versez-y la crème et laissez-la tourner 10 à 30 min (selon le modèle). Quand elle s'arrête, transférez le contenu dans un récipient en plastique avec une cuillère, couvrez de film alimentaire et d'un couvercle et congelez au moins 3 à 4 h. (Si vous n'avez pas de sorbetière, versez la crème dans un bac à glace et congelez-la plusieurs heures, en la remuant régulièrement – une fois par heure – avec une fourchette, pour obtenir une consistance homogène. Lorsque la glace est presque prise, gardez-la encore 3 ou 4 h au congélateur.)

5 Mettez la glace au réfrigérateur 1 h à 1 h 30 avant de la servir avec les framboises. Elle peut se conserver jusqu'à 1 mois, mais il ne faut pas la recongeler.

La recette a été allégée en lipides : on a réduit la quantité d'œufs, utilisé de la crème allégée et ajouté de la custard en poudre ainsi que de la Maïzena.

Mousse au chocolat

Ce dessert raffiné convient parfaitement à un dîner de fête. Vous pouvez également utiliser du chocolat à 40 ou 50 % de cacao, même si cela augmente la quantité de sucre. Dans tous les cas, cette mousse allégée est deux fois moins riche en matières grasses que la recette classique.

	Classique	Allégée
Kcal	397	167
Lipides	29 g	10 g
Acides gras saturés	14 g	5 g
Sucre	20 g	11 g

167 kcal par personne

Protéines : 4 g ; glucides : 15 g ; lipides : 10 g ; acides gras saturés : 5 g ; fibres : 2 g ; sucre : 11 g ; sel : 0,12 g

Pour 4 personnes

Préparation : 20 minutes, plus refroidissement et réfrigération

- 85 g de chocolat noir à 70 % de cacao
- 1 c. à s. de cacao en poudre, plus un peu pour saupoudrer
- ½ c. à c. de café instantané
- ½ c. à c. d'extrait de vanille
- 2 blancs d'œufs
- 1 c. à s. de sucre roux
- 50 g de yaourt à la grecque entier
- framboises fraîches, pour décorer

1 Cassez le chocolat en tout petits morceaux et placez-les dans un saladier supportant la chaleur au-dessus d'une casserole d'eau frémissante. Mélangez le cacao, le café et l'extrait de vanille avec 2 c. à s. d'eau froide, et versez le tout sur le chocolat. Remuez, puis ôtez la casserole du feu. Laissez le saladier au-dessus de l'eau fémissante et remuez de temps en temps, jusqu'à ce que le chocolat soit entièrement fondu.

2 Mélangez le chocolat avec 2 c. à s. d'eau bouillante pour qu'il soit moins épais et devienne lisse. Laissez refroidir légèrement.

3 Dans un saladier, montez les blancs d'œufs en neige, ajoutez le sucre et continuez à fouetter jusqu'à ce que les blancs deviennent épais et brillants.

4 Battez le yaourt et le chocolat refroidi. Ajoutez environ un tiers des blancs en neige à l'aide d'une grande cuillère métallique, puis incorporez les deux autres tiers de la même façon, jusqu'à obtenir une consistance homogène. Évitez de trop mélanger pour ne pas faire retomber les blancs. Répartissez la mousse dans 4 petites tasses (ou ramequins) et réfrigérez quelques heures ou toute une nuit.

5 Pour servir, placez chaque tasse sur sa soucoupe. Décorez avec quelques framboises, puis saupoudrez avec un peu de cacao. Ces mousses se conservent jusqu'à 2 jours au réfrigérateur.

Le secret de cette mousse légère consiste à éliminer le beurre et la crème, et à utiliser du cacao en poudre ainsi que du yaourt à la grecque.

Crumble aux pommes et aux mûres

Comme bien d'autres desserts aux fruits, le crumble n'est pas exempt d'une bonne quantité de lipides et de sucre. Quelques modifications sans incidence sur le goût ont permis d'alléger la recette de façon significative.

	Classique	Allégée
Kcal	493	353
Lipides	21,6 g	11,9 g
Acides gras saturés	9,5 g	3,2 g
Sucre	45,1 g	33,7 g

353 kcal par personne

Protéines : 5,9 g ; glucides : 54,1 g ; lipides : 11,9 g ; acides gras saturés : 3,2 g ; fibres : 6,5 g ; sucre : 33,7 g ; sel : 0,1 g

Pour 5 personnes

Préparation : 35 minutes
Cuisson : 35 minutes

On a rendu le crumble savoureux et croquant avec de la cannelle et des noisettes. Pour améliorer sa teneur en fibres, on a ajouté de l'avoine à la farine.

Pour le crumble

- 85 g de farine
- 3 c. à s. d'amandes en poudre
- 50 g de flocons d'avoine
- 25 g de beurre coupé en morceaux à température ambiante
- 3 c. à s. de sucre roux
- 1 c. à c. de cannelle en poudre
- 1 c. à s. de noisettes hachées et grillées
- 1½ c. à s. d'huile de colza

Pour les fruits

- 2 oranges
- 1 c. à s. de cassonade
- 800 g de pommes pelées, épépinées et coupées en petits morceaux
- 175 g de mûres
- 1 c. à s. de Maïzena

1 Préparez la garniture du crumble. Mettez la farine, les amandes en poudre, l'avoine et le beurre dans un saladier. Incorporez le beurre avec les doigts pour obtenir une chapelure grossière. Ajoutez le sucre, la cannelle et les noisettes, puis versez l'huile et mélangez pour la répartir de façon homogène. Réservez. Préchauffez le four à 190 °C (th 6-7), ou 170 °C (th. 5-6) en chaleur tournante.

2 Râpez finement 1 c. à c. de zeste d'orange et réservez-le. Pressez les oranges et récupérez 10 cl de jus. Ajoutez un peu d'eau si nécessaire et versez-le avec le sucre dans une casserole. Portez à frémissement et faites cuire environ 1 min jusqu'à obtenir un sirop.

3 Ajoutez les pommes, le zeste d'orange réservé et 4 c. à s. d'eau, et laissez mijoter 5 min jusqu'à ce que les pommes commencent à ramollir. Incorporez les mûres, poursuivez la cuisson 1 à 2 min pour qu'elles libèrent leurs jus, puis ajoutez la Maïzena et laissez frémir jusqu'à épaississement de la sauce.

4 Étalez les fruits dans un plat allant au four de 25 x 20 x 5 cm et déposez la garniture par-dessus sans tasser ; ce dessert doit rester léger et aéré. Enfournez 25 min jusqu'à ce que le dessus soit doré et que le jus des fruits bouillonne sur les bords. Sortez du four et laissez reposer 10 à 15 min avant de servir.

Semifreddo aux fruits d'été

Tant au niveau des ingrédients que de la méthode, rien n'a été négligé pour rendre ce parfait dessert glacé moins riche en lipides, tout en conservant sa consistance crémeuse et fondante si caractéristique.

	Classique	Allégée
Kcal	322	162
Lipides	27,5 g	9 g
Acides gras saturés	15,7 g	5,6 g
Sucre	15 g	13,9 g

162 kcal par personne

Protéines : 4,4 g ; glucides : 15,7 g ; lipides : 9 g ; acides gras saturés : 5,6 g ; fibres : 1,8 g ; sucre : 13,9 g ; sel : 0,1 g

Pour 8 personnes

Préparation : 30 minutes, plus refroidissement et congélation
Cuisson : 8 minutes

- 50 g de sucre roux
- 1½ c. à c. de custard en poudre
- 1½ c. à c. de Maïzena
- 25 cl de lait entier
- 1 jaune d'œuf
- 20 cl de crème fraîche à 30 % de matières grasses
- ¼ de c. à c. d'extrait de vanille
- 250 g de yaourt à la grecque
- 450 g de fruits rouges congelés (groseilles, cassis, fraises, framboises ou mûres)
- 2 c. à c. de sucre glace

1 Mélangez le sucre roux, la custard en poudre et la Maïzena dans un saladier avec 2 c. à s. du lait. Battez le jaune d'œuf. Portez le reste du lait à ébullition, puis versez le lait chaud dans le saladier sans cesser de remuer. Transvasez dans une casserole propre et laissez cuire 5 min à feu moyen, sans cesser de remuer avec une cuillère en bois, jusqu'à ce que le mélange se mette à bouillir, épaississe et enrobe le dos de la cuillère. Retirez du feu, ajoutez la crème fraîche et l'extrait de vanille et transférez la préparation dans un récipient. Couvrez-le avec du film alimentaire et laissez refroidir, puis réservez au réfrigérateur toute une nuit.

2 Tapissez un moule à cake de 22 x 13 x 6 cm de papier sulfurisé. Transvasez la crème froide dans un mixeur avec le yaourt et 300 g de fruits congelés. Mixez rapidement pour mélanger tous les ingrédients – il est important que les fruits soient congelés, car ils vont commencer à refroidir la crème. Versez le tout dans le moule, couvrez et mettez au congélateur environ 6 h. Placez les fruits restants dans une passoire au-dessus d'un bol et laissez-les décongeler et s'égoutter.

3 Quand ils sont décongelés, réservez-en quelques-uns pour la décoration et pressez le reste à travers la passoire pour obtenir un coulis de fruits. Ajoutez le sucre glace selon votre goût. Réservez au réfrigérateur.

4 Lorsque le semifreddo paraît suffisamment ferme (sans être totalement congelé), passez la lame d'un couteau à bout rond le long des parois (ou plongez le moule brièvement dans l'eau chaude), puis retournez-le avec précaution sur un plat de service. Regroupez les fruits réservés au centre et arrosez-les d'un peu du coulis. Servez coupé en tranches avec le reste de coulis.

Pour réduire les lipides, on a mis moins d'œufs et utilisé de la custard en poudre, pauvre en matières grasses.

Pudding à l'abricot

Au fil du temps, la recette du pudding anglais s'est enrichie en matières grasses. La meilleure façon de rendre ce dessert moins calorique consiste à sélectionner avec soin les ingrédients et à ajouter des fruits.

	Classique	Allégée
Kcal	569	312
Lipides	33,8 g	11,5 g
Acides gras saturés	18,1 g	6,1 g
Sucre	33,3 g	19,8 g

312 kcal par personne

Protéines : 9,6 g ; glucides : 40,9 g ; lipides : 11,5 g ; acides gras saturés : 6,1 g ; fibres : 1,7 g ; sucre : 19,8 g ; sel : 0,83 g

Pour 4 personnes

Préparation : 25 minutes, plus trempage et temps d'infusion
Cuisson : 30-35 minutes

- 50 g d'abricots secs moelleux hachés
- 25 g de raisins secs
- 2 c. à s. de cognac
- 1 œuf
- 1 c. à c. de sucre roux
- 2 c. à c. de custard en poudre
- 35 cl de lait demi-écrémé
- ½ gousse de vanille fendue dans le sens de la longueur
- le zeste de 1 petit citron finement émincé
- 4 c. à s. de crème fraîche à 30 % de matières grasses
- 25 g de beurre à température ambiante, plus ¼ de c. à c. pour le plat
- 4 tranches de pain de campagne
- 1 c. à s. de confiture d'abricots
- ¼ c. à c. de sucre glace tamisé pour saupoudrer

1 Mettez les abricots et les raisins secs dans un plat creux avec le cognac et laissez-les tremper.

2 Pendant ce temps, battez l'œuf et le sucre dans un saladier, puis ajoutez la custard en poudre et continuez à battre jusqu'à ce que la préparation soit lisse. Faites chauffer le lait dans une casserole, retirez-le du feu avant l'ébullition et versez-le petit à petit sur la préparation tout en remuant. Raclez les graines de vanille au-dessus de la casserole, ajoutez le zeste de citron et la gousse. Laissez refroidir et infuser 30 min. Incorporez la crème fraîche à la crème anglaise refroidie, puis versez le tout dans un bol verseur.

3 Avec ¼ de c. à c. de beurre, graissez très légèrement un plat allant au four de 20 x 25 x 5 cm.

4 Beurrez les tranches de pain, puis tartinez-les de confiture d'abricots. Coupez chaque tranche en 4 triangles et mettez-en la moitié au fond du plat, la confiture vers le haut. Ajoutez la moitié des abricots et raisins secs, puis les triangles de pain restants. Répartissez les derniers fruits secs, arrosez avec le cognac, et versez la moitié de la crème anglaise sur le tout. Laissez reposer 15 min. Préchauffez le four à 180 °C (th. 6), ou 160 °C (th. 5-6) en chaleur tournante.

5 Versez le reste de la crème anglaise et enfoncez-y légèrement le pain. Mettez le plat dans un récipient plus grand allant au four et rempli à moitié d'eau chaude. Enfournez 20 min, puis montez la température à 190 °C (th. 6-7), ou 170 °C (th. 5-6) en chaleur tournante, et poursuivez la cuisson 5 à 10 min, jusqu'à ce que le pain soit croustillant et doré sur le dessus. Sortez le pudding du four et laissez-le reposer 2 à 3 min. Saupoudrez alors de sucre glace et servez chaud.

Pour alléger ce pudding en lipides, on a utilisé du lait demi-écrémé et de la crème fraîche à 30 %, et on a rehaussé sa saveur grâce au citron, à la vanille et au cognac.

Milk-shake à la fraise

Comment résister à un milk-shake glacé et mousseux par une belle journée d'été si on lui ajoute une bonne glace à la vanille ? Cette boisson est délicieuse mais elle contient beaucoup de matières grasses et de sucre. Pour qu'elle soit aussi rafraîchissante, mais moins calorique, utilisez la glace à la vanille de la page 144.

	Classique	Allégée
Kcal	408	196
Lipides	19,2 g	7,7 g
Acides gras saturés	12 g	4,6 g
Sucre	47 g	22,8 g

196 kcal par milk-shake

Protéines : 7,7 g ; glucides : 23,6 g ; lipides : 7,7 g ; acides gras saturés : 4,6 g ; fibres : 1,8 g ; sucre : 22,8 g ; sel : 0,2 g

Pour 2 milk-shakes

Préparation : 10 minutes, plus la confection de la glace

250 g de fraises mûres, équeutées et coupées en deux ou en quatre

20 cl de lait demi-écrémé

2 c. à s. de yaourt nature

2 boules de glace à la vanille (voir page 144)

1 Mettez les fraises dans le bol d'un mixeur avec le lait, le yaourt et la glace, puis mixez jusqu'à obtenir un mélange crémeux et mousseux.

2 Versez dans 2 grands verres et servez sans attendre.

Le secret consiste à choisir des fraises de saison, bien mûres et naturellement sucrées, pour éviter d'ajouter du sucre.

Pavlova aux framboises et au fruit de la Passion

Une meringue aux dimensions généreuses garnie d'une crème allégée en matières grasses, et voici une version qui garde son apparence et sa saveur tout en limitant les lipides et le sucre.

	Classique	Allégée
Kcal	326	180
Lipides	20,3 g	7,3 g
Acides gras saturés	12,6 g	4,6 g
Sucre	33 g	23,3 g

180 kcal par personne

Protéines : 4,8 g ; glucides : 23,5 g ; lipides : 7,3 g ; acides gras saturés : 4,6 g ; fibres : 1,5 g ; sucre : 23,3 g ; sel : 0,1 g

Pour 8 personnes

Préparation : 25 minutes, plus séchage
Cuisson : 1 heure

Pour la meringue

- 1 c. à c. de Maïzena
- 1 c. à c. de vinaigre de vin blanc
- ½ c. à c. d'extrait de vanille
- 3 blancs d'œufs
- 100 g de sucre roux
- 50 g de sucre glace

Pour la garniture

- 10 cl de crème fleurette
- 200 g de yaourt à la grecque
- 85 g de crème fraîche à 30 % de matières grasses
- 2 c. à c. de sucre roux
- 1 fruit de la Passion
- 350 g de framboises

1 Préchauffez le four à 150 °C (th. 5), ou 130 °C (th. 4-5) en chaleur tournante. Recouvrez une grande plaque de cuisson de papier sulfurisé et tracez au centre un cercle de 20 cm de diamètre. Pour préparer la meringue, mélangez la Maïzena, le vinaigre et l'extrait de vanille et réservez.

2 Montez les blancs d'œufs en neige dans un grand saladier. Incorporez le sucre roux, une cuillerée à la fois, en fouettant quelques secondes entre chaque ajout, jusqu'à ce que les blancs présentent un aspect lisse et brillant. Tamisez la moitié du sucre glace au-dessus du saladier et mélangez délicatement avec une grande cuillère en bois. Renouvelez l'opération avec le reste du sucre, puis ajoutez les blancs en neige à la Maïzena.

3 Étalez le mélange sur le cercle tracé sur le papier sulfurisé, en surélevant un peu les bords. Enfournez 1 h. La meringue doit paraître croustillante quand on la tapote légèrement. Éteignez le four, mais laissez-y la meringue sécher en refroidissant 1 h de plus. Ne vous inquiétez pas si elle se craquèle un peu.

4 Juste avant de servir, placez la meringue sur un plat de service. Battez la crème fleurette, suffisamment pour qu'elle tienne aux branches du fouet. Ajoutez le yaourt, la crème fraîche et le sucre. Coupez le fruit de la Passion en deux dans le sens de la largeur, enlevez la pulpe et les pépins d'une moitié et incorporez-les à la garniture crémeuse. Étalez celle-ci sur la meringue, répartissez les framboises par-dessus et arrosez avec le jus du fruit de la Passion restant. Servez sans attendre, pour que la meringue n'ait pas le temps de ramollir.

Pour alléger, on a remplacé la plus grande partie de la crème par du yaourt à la grecque et de la crème fraîche à 30 %.

¼ ¼ ½ kcal

Crème brûlée

Voici un dessert qui remporte toujours le même succès, malgré sa teneur importante en matières grasses ! Le secret d'une version plus légère réside dans la réalisation d'une crème pâtissière très épaisse qu'il n'est pas nécessaire de cuire au four puisque l'on utilise moins d'œufs.

	Classique	Allégée
Kcal	700	257
Lipides	65,1 g	14,9 g
Acides gras saturés	38,1 g	8,7 g
Sucre	22 g	18,9 g

- 4 c. à s. de sucre roux
- 1 c. à s. de custard en poudre
- 1 c. à s. de Maïzena
- 20 cl de lait demi-écrémé
- 2 jaunes d'œufs
- 12,5 cl de crème fleurette allégée
- 1 gousse de vanille
- 140 g de crème fraîche à 30 % de matières grasses

257 kcal par personne

Protéines : 5,2 g ; glucides : 25,3 g ; lipides : 14,9 g ; acides gras saturés : 8,7 g ; sucre : 18,9 g ; sel : 0,2 g

Pour 4 personnes

Préparation : 15 minutes, plus refroidissement et réfrigération
Cuisson : 25 minutes

On a choisi un mode de cuisson qui demande moins d'œufs qu'une cuisson au four.

1 Mélangez 2 c. à s. de sucre, la custard en poudre et la Maïzena dans un saladier avec 2 c. à s. de lait pour obtenir une pâte lisse. Incorporez les jaunes d'œufs battus dans le mélange avec une fourchette.

2 Versez le reste du lait dans une casserole avec la crème. Fendez la gousse de vanille dans le sens de la longueur et raclez les graines au-dessus de la casserole, ajoutez la gousse et portez le tout à ébullition. Retirez du feu aux premiers frémissements.

3 Versez doucement le lait chaud avec la gousse de vanille sur le mélange de Maïzena, en remuant constamment. Transvasez dans une casserole propre et laissez cuire 12 à 15 min à feu doux sans cesser de remuer avec une cuillère en bois, jusqu'à ce que le mélange soit très épais. La cuillère raclant le fond de la casserole doit y laisser une ligne nette. Continuez à remuer jusqu'à ce que la préparation ait la consistance d'une mayonnaise. Ajustez constamment la chaleur pour empêcher la crème de bouillir ou de trop chauffer, et éviter ainsi qu'elle ne tourne et fasse des grumeaux. Si c'est le cas, battez-la avec un fouet afin qu'elle retrouve son aspect homogène.

4 Ôtez la casserole du feu et laissez refroidir 15 à 20 min, en remuant de temps en temps pour éviter la formation d'une peau à la surface. Enlevez la gousse de vanille, incorporez la crème fraîche et transvasez le mélange dans 4 ramequins. Laissez-les refroidir puis mettez-les 4 h, ou toute une nuit, au réfrigérateur. Si vous ne les couvrez pas, la peau qui se formera servira de support au caramel.

5 Au moment de servir, saupoudrez chaque crème de 1½ c. à c. de sucre et répartissez-le avec le dos d'une cuillère. Pour le caraméliser, utilisez un chalumeau de cuisine. Tenez la flamme au-dessus du sucre et déplacez-la en rond, mais pas trop longtemps pour que la crème n'ait pas le temps de chauffer. Servez immédiatement pendant que le caramel est bien ferme et craquant.

½ ⅓

Pudding au caramel

Pour se régaler d'un dessert gourmand aussi riche en sucre et acides gras saturés sans se sentir coupable, la solution consiste à réduire les quantités de beurre, crème, sirop, sucre et mélasse.

	Classique	Allégée
Kcal	699	450
Lipides	36 g	17,5 g
Acides gras saturés	20,7 g	4,6 g
Sucre	74,4 g	49,8 g

450 kcal par personne

Protéines : 6 g ; glucides : 70,6 g ; lipides : 17,5 g ; acides gras saturés : 4,6 g ; fibres : 2 g ; sucre : 49,8 g ; sel : 0,79 g

Pour 7 personnes

Préparation : 35 minutes, plus refroidissement
Cuisson : 20-25 minutes

Pour les puddings

- 200 g de dattes entières dénoyautées
- 1 c. à c. d'extrait de vanille
- 1 c. à c. de mélasse noire
- 2 œufs
- 1 c. à c. de bicarbonate de soude
- 175 g de farine, plus un peu pour les moules
- 7,5 cl d'huile de colza, plus ½ c. à c. pour les moules
- 100 g de cassonade
- 100 g de yaourt nature

Pour la sauce caramel

- 100 g de sucre de canne complet (muscovado)
- 25 g de beurre coupé en morceaux
- 1½ c. à c. de mélasse noire
- 1½ c. à c. d'extrait de vanille
- 100 g de crème fraîche à 30 % de matières grasses

1 Hachez les dattes et mettez-les dans un bol avec 17,5 cl d'eau bouillante, puis laissez refroidir 30 min. Graissez 7 moules à cake de 20 cl avec ½ c. à c. d'huile, farinez-les et placez-les sur une plaque de cuisson.

2 Mélangez les dattes avec l'extrait de vanille et la mélasse et écrasez le tout à la fourchette en une purée grossière.

3 Préchauffez le four à 180 °C (th. 6), ou 160 °C (th. 5-6) en chaleur tournante. Battez les œufs dans un bol. Incorporez le bicarbonate de soude à la farine. Dans un saladier, mélangez l'huile et le sucre avec une cuillère en bois. Ajoutez les œufs au fur et à mesure, sans cesser de remuer, puis un tiers du mélange de farine et la moitié du yaourt. Ne mélangez pas trop. Renouvelez l'opération avec le reste de farine puis ajoutez les dattes écrasées pour former une pâte épaisse. Répartissez-la entre les moules et enfournez 20 à 25 min.

4 Pendant ce temps, préparez la sauce. Mettez le sucre et le beurre dans une petite casserole à fond épais. Faites chauffer à feu moyen en remuant de temps en temps, jusqu'à ce que le sucre commence à fondre et que le mélange soit très épais. Enlevez la casserole du feu et ajoutez la mélasse et l'extrait de vanille. Laissez refroidir 1 à 2 min puis incorporez la crème fraîche, une cuillerée à la fois.

5 Pour servir, passez la lame d'un couteau à bout rond le long des parois et retournez les moules avec précaution sur des assiettes. Arrosez largement de sauce et servez sans attendre.

Pour diminuer le sucre sans perdre en saveur, on a utilisé du sucre non raffiné, de la mélasse noire et de l'extrait de vanille.

GÂTEAUX LÉGERS ET DÉLICIEUX

Gâteau aux carottes

Bien que notre version de ce classique américain bénéficie déjà des bienfaits de la carotte, certains ingrédients et techniques ont été adaptés pour le rendre encore meilleur pour la ligne.

	Classique	Allégée
Kcal	327	217
Lipides	20,5 g	9 g
Acides gras saturés	5,5 g	1 g
Sucre	21,5 g	21 g

217 kcal par personne

Protéines : 4 g ; glucides : 31 g ; lipides : 9 g ; acides gras saturés : 1 g ; fibres : 2 g ; sucre 21 g ; sel : 0,52 g

Pour 16 parts

Préparation : 30 minutes, plus trempage
Cuisson : 1 heure

Pour le gâteau

- 12,5 cl d'huile de colza, plus un peu pour le moule
- 1 orange
- 140 g de raisins secs
- 115 g de farine à pâtisserie (type 55)
- 115 g de farine ordinaire
- 1 c. à c. de levure, plus une pincée
- 1 c. à c. de bicarbonate de soude
- 1 c. à c. de cannelle en poudre
- 2 œufs
- 140 g de sucre de canne complet (muscovado)
- 280 g de carottes finement râpées

Pour le glaçage

- 100 g de fromage à tartiner allégé, bien froid
- 100 g de faisselle à 0 % de matières grasses
- 3 c. à s. de sucre glace tamisé
- ½ c. à c. de zeste d'orange finement râpé
- 1½ c. à c. de jus de citron

1 Préchauffez le four à 160 °C (th. 5-6), ou 140 °C (th. 4-5) en chaleur tournante. Graissez légèrement un moule carré à hauts bords avec de l'huile, puis tapissez le fond de papier sulfurisé.

2 Râpez finement le zeste de l'orange et pressez 3 c. à s. de jus. Mettez les raisins secs dans un bol, arrosez-les du jus d'orange et laissez-les tremper. Mélangez les deux farines avec 1 c. à c. de levure, le bicarbonate de soude et la cannelle.

3 Cassez un œuf en séparant le jaune du blanc. Réservez le blanc dans un récipient. Mettez le jaune dans un saladier, ajoutez 1 œuf entier, le sucre, et battez 1 à 2 min jusqu'à obtenir un mélange épais et mousseux. Versez l'huile et continuez à battre à petite vitesse. Lorsque le mélange est bien homogène, incorporez la farine en deux fois, en mélangeant à la spatule jusqu'à son absorption complète. Ajoutez une pincée de levure au blanc d'œuf réservé et montez-le en neige.

4 Ajoutez les carottes et les raisins (avec leur jus) dans le saladier, puis le blanc en neige en soulevant la masse avec une spatule, et transvasez la pâte dans le moule. Secouez-le pour égaliser la surface. Enfournez 1 h jusqu'à ce que le gâteau soit bien gonflé et ferme, ou jusqu'à ce qu'une brochette plongée au centre en ressorte nette. Laissez refroidir dans le moule 5 min avant de retourner le gâteau sur une grille métallique et d'enlever le papier sulfurisé.

5 Mélangez le fromage à tartiner, la faisselle, le sucre glace et le zeste d'orange puis, sans trop remuer, ajoutez le jus de citron. Recouvrez le gâteau de ce glaçage. Découpez-le en 16 carrés. Ce dessert est encore meilleur si on le laisse reposer 1 ou 2 jours, bien enveloppé, avant de le glacer.

Huile de colza, fromage à tartiner allégé et faisselle ont limité les lipides. L'orange et le citron ont remplacé une partie du sucre du glaçage, et renforcé la saveur.

1/3

Brownie au chocolat

Ferme ou aéré, aux noisettes ou au caramel… le brownie a d'innombrables variantes, mais il est toujours croustillant dessus et moelleux à cœur. Un résultat dû à un généreux mélange de beurre, sucre, chocolat et œufs. Créer une version allégée de cette recette extrêmement riche représentait un vrai défi, mais notre brownie revisité reste irrésistible.

	Classique	Allégée
Kcal	314	191
Lipides	19 g	11 g
Acides gras saturés	10 g	3 g
Sucre	25,6 g	16 g

191 kcal par part

Protéines : 2 g ; glucides : 23 g ; lipides : 11 g ; acides gras saturés : 3 g ; fibres : 1 g ; sucre 16 g ; sel : 0,28 g

Pour 12 parts

Préparation : 25 minutes
Cuisson : 35 minutes

- 85 g de chocolat noir à 70 % de cacao, coupé en petits morceaux
- huile de colza, pour le moule
- 85 g de farine
- 25 g de cacao en poudre
- ¼ c. à c. de bicarbonate de soude
- 100 g de sucre roux
- 50 g de sucre de canne complet (muscovado)
- ½ c. à c. de café instantané
- 1 c. à c. d'extrait de vanille
- 2 c. à s. de babeurre
- 1 œuf
- 100 g de mayonnaise (sans moutarde, Lesieur par exemple)

1 Préchauffez le four à 180 °C (th. 6), ou 160 °C (th. 5-6) en chaleur tournante. Remplissez une petite casserole d'eau au tiers de sa hauteur. Portez à ébullition, puis retirez du feu. Mettez le chocolat en morceaux dans un grand bol supportant la chaleur et posez-le sur la casserole sans que le fond touche l'eau. Laissez le chocolat fondre quelques minutes, en remuant de temps en temps. Ôtez le bol de la casserole et laissez le chocolat tiédir.

2 Graissez légèrement un moule carré de 19 cm de côté et 5 cm de profondeur avec l'huile et tapissez le fond de papier sulfurisé. Mélangez la farine, le cacao en poudre et le bicarbonate de soude. Avec une cuillère en bois, incorporez les deux sucres au chocolat refroidi, ainsi que le café, la vanille et le babeurre, puis 1 c. à s. d'eau chaude. Battez l'œuf et ajoutez-le ainsi que la mayonnaise en remuant, jusqu'à obtenir une préparation lisse et brillante. Incorporez le mélange de farine et de cacao avec une spatule sans laisser de grumeaux. Ne remuez pas trop.

3 Versez la préparation dans le moule et enfournez 30 min. Testez la cuisson à la pointe d'un couteau plongée au centre du gâteau : elle doit ressortir avec un peu de pâte collée à la lame. Le gâteau sera sec s'il cuit trop longtemps, mais à l'inverse, il peut retomber. Laissez-le dans le moule jusqu'à ce qu'il ait entièrement refroidi, puis passez la lame d'un couteau à bout rond le long des parois. Démoulez-le sur une planche et découpez-le en 12 carrés.

Pour alléger la recette, on a remplacé le beurre et une partie des œufs par de la mayonnaise. La quantité de chocolat a été réduite, mais le goût reste présent grâce au cacao et au café instantané.

½

Gâteau au café et aux noix

Les noix contiennent de bons acides gras, mais apportent aussi beaucoup de calories. Il a donc été nécessaire de réduire les lipides de cette recette sans en perdre la saveur, en ajoutant du café et une touche de vanille. Ces modifications et bien d'autres ont fait de ce gâteau un goûter idéal.

	Classique	Allégée
Kcal	462	336
Lipides	27 g	15 g
Acides gras saturés	13 g	4 g
Sucre	42 g	30 g

336 kcal par personne

Protéines : 8 g ; glucides : 45 g ; lipides : 15 g ; acides gras saturés : 4 g ; fibres : 1 g ; sucre : 30 g ; sel : 0,43 g

Pour 12 personnes

Préparation : 30 minutes, plus refroidissement et repos
Cuisson : 45-50 minutes

Pour le gâteau

- 7,5 cl d'huile de noix, plus un peu pour le moule
- 1 c. à s. de café instantané, plus 1 c. à c.
- 225 g de farine
- 1 c. à c. de levure
- 50 g d'amandes en poudre
- 85 g de sucre de canne complet (muscovado)
- 50 g de sucre roux
- 25 g de noix hachées, plus un peu pour décorer
- 2 œufs battus
- 250 g de yaourt nature

Pour la garniture

- 2 c. à s. de sucre roux
- 2 c. à c. de café instantané
- 140 g de mascarpone allégé
- 100 g de faisselle à 0 % de matières grasses
- 1 c. à s. de sucre glace tamisé
- ¼ de c. à c. d'extrait de vanille

Pour le glaçage

- 140 g de sucre glace fondant
- 1 c. à c. de café instantané
- 1 c. à s. de noix finement hachées

1 Préchauffez le four à 180 °C (th. 6), ou 160 °C (th. 5-6) en chaleur tournante. Huilez légèrement un moule à manqué de 20 cm de diamètre et 6 cm de profondeur, à fond amovible, et recouvrez le fond de papier sulfurisé.

2 Mélangez le café avec 2 c. à c. d'eau chaude et réservez. Dans un saladier, versez la farine avec la levure, les amandes en poudre, les deux sucres et les noix, et faites un puits. Versez-y les œufs battus, ajoutez le yaourt, l'huile et le café, puis remuez avec une cuillère en bois pour obtenir une pâte homogène.

3 Versez la préparation dans le moule et égalisez la surface, puis enfournez 40 à 45 min, jusqu'à ce qu'une brochette plantée au centre en ressorte nette. Attendez quelques minutes, puis retournez le gâteau sur une grille, enlevez le papier sulfurisé et laissez refroidir.

4 Pour la garniture, préparez un sirop en mettant le sucre roux et le café dans une petite casserole à fond épais avec 3 c. à s. d'eau. Faites chauffer à feu doux jusqu'à ce que le sucre fonde, puis augmentez la chaleur et laissez bouillir 2 min 30 à 3 min pour que le mélange devienne sirupeux. Transvasez dans un récipient qui supporte la chaleur et laissez refroidir.

5 Fouettez le mascarpone, la faisselle, le sucre glace et la vanille jusqu'à obtenir une préparation homogène, ajoutez le sirop de café froid et réservez.

6 Pour le glaçage, tamisez le sucre glace fondant dans un bol. Versez 1 c. à s. d'eau chaude sur le café, puis mélangez-le au sucre glace avec un peu d'eau pour obtenir un glaçage épais mais que l'on peut étaler.

7 Coupez le gâteau en trois dans le sens de l'épaisseur, étalez la garniture sur chaque tranche et superposez-les pour le recomposer. Étalez le glaçage sur le dessus, saupoudrez de noix hachées et laissez reposer. Réservez au réfrigérateur.

On a remplacé le beurre par de l'huile de noix et du yaourt pour réduire les lipides.

•

Une garniture au mascarpone allégé et à la faisselle est un bon moyen de diminuer davantage les matières grasses.

•

Grâce à l'huile de noix, on a utilisé moins de noix tout en conservant leur saveur originale.

•

Un mélange de sucre muscovado et de sucre roux a permis d'alléger la recette et d'en renforcer le goût.

Tarte à la mélasse

Cette tarte revisitée compte moitié moins de sucre et de calories que la recette classique. Servez-la encore chaude, mais s'il en reste, n'hésitez pas à la déguster froide, car elle est toujours délicieuse.

	Classique	Allégée
Kcal	469	247
Lipides	14,8 g	10,2 g
Acides gras saturés	8,7 g	3,9 g
Sucre	47,9 g	20,1 g

247 kcal par personne

Protéines : 3,6 g ; glucides : 34,7 g ; lipides : 10,2 g ; acides gras saturés : 3,9 g ; fibres : 1,1 g ; sucre : 20,1 g ; sel : 0,5 g

Pour 8 personnes

Préparation : 15 minutes, plus repos et réfrigération
Cuisson : 50 minutes

Pour la pâte

- 225 g de pâte brisée toute prête
- farine pour le plan de travail

Pour la garniture

- 1 œuf
- 3 c. à s. de crème fraîche à 30 % de matières grasses
- 175 g de *golden syrup* (ou de sirop d'érable)
- 1 c. à s. de mélasse noire
- 1 petite pomme épluchée, épépinée et grossièrement râpée
- 50 g de chapelure blanche fraîche
- 1 citron

1 Préchauffez le four à 200 °C (th. 6-7), ou 180 °C (th. 6) en chaleur tournante. Étalez la pâte sur une surface légèrement farinée, puis foncez-en un moule à tarte cannelé de 23 cm de diamètre et 2,5 cm de profondeur. Passez le rouleau à pâtisserie sur les bords pour éliminer la pâte qui déborde. Piquez légèrement le fond avec une fourchette. Réservez 10 min au réfrigérateur.

2 Placez le moule sur une plaque de cuisson ; recouvrez la pâte de papier sulfurisé et remplissez de billes de cuisson ou de haricots secs. Enfournez 12 min, puis enlevez le papier et les billes ou les haricots, et poursuivez la cuisson 5 min jusqu'à ce que la pâte soit légèrement colorée. Sortez le moule et baissez la température du four à 180 °C (th. 6), ou 160 °C (th. 5-6) en chaleur tournante.

3 Pendant la cuisson de la pâte, préparez la garniture. Battez l'œuf dans un bol puis ajoutez la crème fraîche, le *golden syrup*, la mélasse, la pomme et la chapelure. Râpez finement le zeste de citron et incorporez-le, ainsi que 1 c. à s. de jus de citron. Laissez reposer 10 à 15 min, de façon à ce que la chapelure puisse s'imprégner des saveurs des autres ingrédients.

4 Versez la garniture dans le moule et laissez cuire 30 min au four jusqu'à ce qu'elle soit légèrement ferme. Sortez du four et laissez refroidir. Démoulez la tarte et servez.

Le secret consiste à remplacer une partie du golden syrup par une pomme râpée, et à utiliser un œuf et de la crème fraîche à 30 % pour la consistance.

1/7

Gâteau au citron

Ce gâteau anglais, parfumé et moelleux, est un grand classique à l'heure du thé. Dans cette version, le beurre a été supprimé et la quantité de zeste de citron largement augmentée pour renforcer la saveur acidulée.

	Classique	Allégée
Kcal	335	243
Lipides	17,9 g	10,2 g
Acides gras saturés	10,4 g	1,4 g
Sucre	27,6 g	21,5 g

243 kcal par personne

Protéines : 4,7 g ; glucides : 35,4 g ; lipides : 10,2 g ; acides gras saturés : 1,4 g ; fibres : 0,9 g ; sucre : 21,5 g ; sel : 0,34 g

Pour 12 personnes

Préparation : 25 minutes
Cuisson : 40 minutes

Pour le gâteau

- 7,5 cl d'huile de colza, plus un peu pour le moule
- 175 g de farine à pâtisserie (type 55)
- 1½ c. à c. de levure
- 50 g d'amandes en poudre
- 50 g de farine de maïs
- le zeste de 2 citrons, finement râpé
- 140 g de sucre roux
- 2 œufs
- 225 g de yaourt nature

Pour le sirop

- 85 g de sucre roux
- le jus de 2 citrons (environ 5 c. à s.)

1 Préchauffez le four à 180 °C (th. 6), ou 160 °C (th. 5-6) en chaleur tournante. Huilez légèrement un moule à manqué de 20 cm de diamètre et 5 cm de profondeur, puis tapissez le fond de papier sulfurisé.

2 Dans un saladier, mettez la levure, les amandes en poudre et la farine de maïs, ajoutez le zeste de citron et le sucre, et faites un puits. Battez les œufs dans un bol avec le yaourt et versez-les avec l'huile dans le saladier. Mélangez rapidement avec une cuillère en bois pour incorporer tous les ingrédients.

3 Versez la pâte dans le moule et égalisez la surface. Enfournez 40 min ou jusqu'à ce qu'une brochette plantée au centre du gâteau en ressorte propre. Posez du papier d'aluminium sur le moule pour les 5 à 10 dernières minutes de cuisson si la surface brunit trop vite.

4 Préparez le sirop au citron. Dans une petite casserole, mettez le sucre, le jus de citron et 7,5 cl d'eau. Faites chauffer à feu moyen, en remuant de temps en temps, jusqu'à ce que le sucre ait fondu. Augmentez la chaleur et portez à ébullition pendant 4 min pour faire réduire légèrement le liquide et le rendre sirupeux, puis retirez du feu.

5 Sortez le gâteau du four et laissez-le reposer quelques instants. Pendant qu'il est encore chaud, retournez le moule sur une grille. Piquez le gâteau avec une brochette en plusieurs endroits et arrosez-le avec la moitié du sirop au citron, puis attendez que le liquide pénètre. Ajoutez le reste du sirop, sans oublier d'imprégner les côtés du gâteau.

Dans cette version allégée, on a mélangé des amandes en poudre et de la farine de maïs pour améliorer la consistance du gâteau (et intensifier sa couleur !).

1/4

Pain d'épice

Pour obtenir un pain d'épice moelleux, il faut beaucoup de beurre, de sucre et de lait. Cette version allégée utilise les mêmes ingrédients, mais avec moins de lipides et de sucre. Votre pain d'épice sera encore plus fondant si vous le conservez bien enveloppé une journée entière avant de le découper.

	Classique	Allégée
Kcal	162	130
Lipides	6,9 g	4 g
Acides gras saturés	4 g	1,1 g
Sucre	13 g	11

130 kcal par personne

Protéines : 2,3 g ; glucides : 21,1 g ; lipides : 4 g ; acides gras saturés : 1,1 g ; fibres : 0,6 g ; sucre : 11 g ; sel : 0,3 g

Pour 16 parts

Préparation : 25 minutes, plus refroidissement
Cuisson : environ 55 minutes

- 140 g de dattes dénoyautées et coupées en petits morceaux
- 3 c. à s. d'huile de colza, plus un peu pour le moule
- 25 g de beurre
- 85 g de mélasse noire
- 25 g de *golden syrup* (ou de sirop d'érable)
- 1 œuf
- 15 cl de babeurre
- 225 g de farine
- 1 c. à c. de bicarbonate de soude
- 3½ c. à c. de gingembre en poudre
- ½ c. à c. de cannelle en poudre
- 50 g de sucre de canne complet (muscovado)

1 Mettez les dattes dans un petit bol avec 12,5 cl d'eau bouillante. Laissez refroidir 30 min. Graissez légèrement un moule carré de 20 cm de côté et 5 cm de profondeur avec de l'huile, puis tapissez-le de papier sulfurisé.

2 Dans une petite casserole, faites chauffer le beurre, la mélasse et le *golden syrup* à feu doux jusqu'à ce que le beurre fonde, puis retirez du feu et versez l'huile. Réservez. Préchauffez le four à 160 °C (th. 5-6), ou 140 °C (th. 4-5) en chaleur tournante.

3 Mixez les dattes et leur liquide jusqu'à obtenir une purée épaisse. Battez l'œuf dans un bol avec le babeurre. Dans un saladier, mélangez la farine, le bicarbonate de soude, le gingembre, la cannelle et le sucre. Incorporez l'œuf battu, les dattes et la préparation à la mélasse avec une cuillère en bois pour obtenir une pâte épaisse. Versez-la dans le moule, égalisez la surface et enfournez 50 à 55 min. Pour vérifier la cuisson, plongez une brochette au centre : si elle ressort nette et que le gâteau est ferme mais élastique au toucher, il est cuit.

4 Laissez-le dans le moule quelques minutes avant de le retourner sur une grille et d'enlever le papier sulfurisé. Enveloppez-le dans du film alimentaire et attendez une journée avant de le couper pour qu'il soit bien fondant. Il peut se conserver 1 semaine.

Outre le sucre et le sirop, on a incorporé des dattes pour obtenir un pain d'épice plus consistant. Pour réduire les lipides, on a remplacé le lait et une partie du beurre par du babeurre et de l'huile de colza.

Cake à la banane

Ce gâteau facile à réaliser est très savoureux, grâce, habituellement, à beaucoup de sucre et de matières grasses. En les réduisant, il devient plus léger, tout en conservant son onctuosité sucrée.

	Classique	Allégée
Kcal	290	194
Lipides	16,6 g	8,5 g
Acides gras saturés	6,8 g	2 g
Sucre	17 g	11,4 g

194 kcal par personne

Protéines : 4,3 g ; glucides : 24,7 g ; lipides : 8,5 g ; acides gras saturés : 2 g ; fibres : 1,4 g ; sucre : 11,4 g ; sel : 0,3 g

Pour 12 personnes

Préparation : 25 minutes
Cuisson : 50-55 minutes

- 3 c. à s. d'huile de colza, plus un peu pour le moule
- 2 bananes très mûres, de préférence avec la peau noire
- le zeste finement râpé de ½ citron
- ½ c. à c. d'extrait de vanille
- 175 g de farine blanche
- 50 g de farine complète
- 1½ c. à c. de levure
- ½ c. à c. de bicarbonate de soude
- 25 g d'amandes en poudre
- 25 g de beurre à température ambiante, coupé en morceaux
- 85 g de sucre de canne complet (muscovado)
- 25 g de noix de pécan hachées
- 2 œufs
- 100 g de yaourt nature

1 Préchauffez le four à 180 °C (th. 6), ou 160 °C (th. 5-6) en chaleur tournante. Graissez légèrement un moule à cake avec de l'huile, puis tapissez le fond de papier sulfurisé. Pelez les bananes et coupez-les en morceaux dans un bol, puis écrasez-les à la fourchette – ne vous inquiétez pas s'il reste des morceaux. Vous devriez en obtenir environ 200 g. Ajoutez le zeste de citron et la vanille.

2 Mélangez les deux farines avec la levure, le bicarbonate de soude et les amandes en poudre dans un saladier. Incorporez le beurre avec les doigts, puis le sucre, en continuant à pétrir. Ajoutez les noix de pécan et faites un puits. Battez les œufs dans un bol avec le yaourt et l'huile. Versez la pâte dans le puits avec la banane écrasée et mélangez rapidement mais délicatement avec une cuillère en bois.

3 Transvasez la pâte dans le moule et égalisez la surface. Enfournez 50 à 55 min ou jusqu'à ce qu'une brochette enfoncée au centre en ressorte propre ; si le gâteau brunit trop rapidement sur le dessus, recouvrez-le de papier d'aluminium. Laissez-le reposer 5 min dans son moule, puis passez la lame d'un couteau à bout rond le long des parois, avant de le démouler sur une grille. Laissez refroidir. Enlevez le papier sulfurisé. Ce cake à la banane garde son moelleux plusieurs jours s'il est bien enveloppé dans du film alimentaire.

Avec sa saveur riche et intense, le sucre de canne complet permet de réduire les calories. De même, on a choisi des bananes bien mûres, car elles sont naturellement plus sucrées.

Cookies au beurre de cacahuète

Le nom de ces cookies indique clairement leur composition et la grande quantité de lipides et de sucre qu'ils renferment. Pourtant, en effectuant quelques ajustements soigneusement étudiés et sans changer les ingrédients habituels de la recette, on obtient cette surprenante version allégée, tout à fait semblable en goût et en texture aux cookies d'origine.

	Classique	Allégée
Kcal	149	106
Lipides	8,8 g	6,4 g
Acides gras saturés	3,7 g	2 g
Sucre	7,5 g	4,1 g

106 kcal par cookie

Protéines : 2,5 g ; glucides : 9,5 g ; lipides : 6,4 g ; acides gras saturés : 2 g ; fibres : 0,8 g ; sucre : 4,1 g ; sel : 0,2 g

Pour 20 cookies

Préparation : 25 minutes, plus refroidissement
Cuisson : 10-12 minutes

- 50 g de beurre à température ambiante
- 100 g de beurre de cacahuète sans sucre ajouté
- 50 g de sucre de canne complet (muscovado)
- 25 g de sucre roux
- 1 c. à s. d'huile de colza, plus 2 c. à c.
- 1 œuf battu
- ½ c. à c. d'extrait de vanille
- 140 g de farine
- ½ c. à c. de levure
- ¼ c. à c. de bicarbonate de soude
- 25 g de cacahuètes non salées grillées au four et grossièrement hachées

1 Recouvrez une grande plaque de cuisson de papier sulfurisé (ou deux plaques si possible). Préchauffez le four à 180 °C (th. 6), ou 160 °C (th. 5-6) en chaleur tournante. Dans un saladier, battez les deux beurres et les deux sucres jusqu'à obtenir une préparation mousseuse. Incorporez l'huile, puis l'œuf et l'extrait de vanille. Mélangez la farine, la levure et le bicarbonate de soude dans un autre récipient, puis ajoutez-les à la préparation, en deux fois, ainsi que les cacahuètes, jusqu'à obtenir une pâte molle. Façonnez la pâte en forme de bûche, enveloppez-la dans du papier sulfurisé et mettez-la au réfrigérateur 30 min minimum.

2 Coupez la pâte en 20 morceaux de même taille, puis roulez-les en boules. Sur le plan de travail, aplatissez-les de la main en cercles de 6 cm de diamètre. Placez les cookies ainsi formés à 2,5 cm d'intervalle sur la ou les plaque(s) de cuisson recouverte(s) de papier sulfurisé (dans le premier cas, vous ferez deux fournées). Appuyez doucement le dos d'une fourchette sur chaque cookie pour y dessiner des lignes.

3 Enfournez-les 10 à 12 min, jusqu'à ce qu'ils soient brun doré. Transférez-les sur une grille et laissez-les refroidir.

On a utilisé du beurre de cacahuète (sans sucre ajouté), et de la vanille dont l'arôme puissant permet de sucrer moins.

Cupcakes au chocolat

Ces jolis petits gâteaux constitués d'une génoise au beurre surmontée d'un glaçage en chocolat sont traditionnellement riches en matières grasses saturées et en sucre. En réduisant drastiquement certains ingrédients, on obtient des cupcakes bien moins caloriques qui n'ont rien perdu de leur goût irrésistible ni de leur charme !

	Classique	Allégée
Kcal	459	234
Lipides	26,1 g	10,4 g
Acides gras saturés	16 g	4,4 g
Sucre	43,9 g	18,5 g

234 kcal par personne

Protéines : 6,7 g ; glucides : 27,8 g ; lipides : 10,4 g ; acides gras saturés : 4,4 g ; fibres : 1,3 g ; sucre : 18,5 g ; sel : 0,6 g

Pour 12 cupcakes

Préparation : 35 minutes, plus refroidissement
Cuisson : 20 minutes

Pour les cupcakes

- 175 g de farine à pâtisserie (type 55)
- 2 c. à s. de cacao en poudre
- 1½ c. à c. de levure
- 140 g de sucre roux
- 25 g d'amandes en poudre
- 2 œufs
- 175 g de yaourt nature
- 2 ou 3 gouttes d'extrait de vanille
- 25 g de beurre fondu
- 2 c. à s. d'huile de colza

Pour le glaçage

- 25 g de chocolat noir à 70 % de cacao, finement haché, plus 1 c. à s. bombée de chocolat râpé pour décorer
- 25 g de beurre à température ambiante
- 50 g de sucre glace
- 1 c. à s. de cacao en poudre
- 1 c. à c. de lait demi-écrémé
- 100 g de fromage à tartiner allégé, bien froid
- 100 g de faisselle à 0 % de matières grasses

1 Préchauffez le four à 180 °C (th. 6), ou 160 °C (th. 5-6) en chaleur tournante. Déposez des caissettes en papier dans un moule à muffins à 12 alvéoles en silicone. Dans un saladier, mettez la farine – réservez-en 2 c. à s. – et le cacao. Ajoutez la levure, le sucre et les amandes en poudre. Mélangez et faites un puits au centre. Dans un autre récipient, battez les œufs à la fourchette avec le yaourt et l'extrait de vanille, puis versez-les ainsi que le beurre fondu et l'huile au centre du puits. Mélangez brièvement avec une cuillère en bois, de façon à obtenir une préparation homogène.

2 Répartissez cette pâte dans les caissettes en papier et enfournez 20 min jusqu'à ce que les cupcakes soient gonflés. Sortez-les et laissez-les refroidir sur une grille.

3 Pour le glaçage, mettez le chocolat dans un bol supportant la chaleur au-dessus d'une casserole d'eau frémissante (sans que le fond du bol ne touche l'eau), puis ôtez la casserole du feu, et attendez que le chocolat soit fondu et refroidi.

4 Battez le beurre, le sucre glace et le cacao dans un petit saladier avec une cuillère en bois jusqu'à obtenir un mélange homogène. Incorporez le fromage à tartiner et la faisselle. Pour finir, ajoutez le chocolat refroidi et étalez la préparation en cercle sur chaque cupcake ; saupoudrez de chocolat râpé. Ces gâteaux se conservent 2 à 3 jours au réfrigérateur.

Grâce au mélange de fromage à tartiner allégé et de faisselle, on a obtenu un glaçage crémeux en utilisant moins de beurre et de sucre glace.

Muffins aux myrtilles

Légers, aériens et riches en fruits, ces muffins sont encore plus équilibrés et délicieux grâce à l'ajout de banane et de citron.

	Classique	Allégée
Kcal	234	206
Lipides	9 g	6 g
Acides gras saturés	5 g	1 g
Sucre	16,4 g	16 g

206 kcal par muffin

Protéines : 5 g ; glucides : 36 g ; lipides : 6 g ; acides gras saturés : 1 g ; fibres : 2 g ; sucre : 16 g ; sel : 0,43 g

Pour 12 muffins

Préparation : 25 minutes
Cuisson : 20-25 minutes

- 5 c. à s. d'huile de colza, plus 1 c. à c. pour le moule (en option)
- 225 g de farine à pâtisserie (type 55)
- 115 g de farine complète
- 2 c. à c. de levure
- le zeste finement râpé de ½ citron, plus 1 c. à c. de jus
- 85 g de sucre roux
- 50 g de sucre de canne complet (muscovado)
- 1 petite banane très mûre, à la peau noire (environ 85 g pelée)
- 1 œuf
- 30 cl de babeurre
- 225 g de myrtilles

1 Préchauffez le four à 200 °C (th. 6-7), ou 180 °C (th. 6) en chaleur tournante. Utilisez 1 c. à c. d'huile pour graisser légèrement un moule à muffins à 12 alvéoles en silicone (à défaut, utilisez des caissettes en papier).

2 Mélangez les deux farines avec la levure et le zeste de citron. Réservez 1 c. à s. de sucre roux et mélangez le reste avec la farine et le sucre de canne.

3 Écrasez la banane. Dans un saladier, battez l'œuf, ajoutez la banane, le babeurre et le reste d'huile. Avec une cuillère en bois, remuez doucement le mélange sans trop insister, sinon les muffins perdront en moelleux. Incorporez les myrtilles avec précaution sans les écraser.

4 Versez la pâte dans le moule en remplissant chaque alvéole à ras bord. Enfournez 20 à 25 min, jusqu'à ce que les muffins soient gonflés et dorés.

5 Mélangez le sucre roux réservé avec le jus de citron. Quand les muffins sont cuits, sortez-les du four et badigeonnez-les avec le sirop pendant qu'ils sont encore chauds. Passez la lame d'un couteau à bout rond le long des parois, puis laissez les muffins refroidir 15 min dans leurs alvéoles avant de les retourner avec précaution sur des assiettes. Dégustez-les le jour même, ils sont meilleurs.

Remplacer le lait par du babeurre fait baisser les taux de lipides et d'acides gras saturés.

Cookies aux pépites de chocolat

La taille des cookies industriels semble grossir en permanence, si bien que les plus gourmands d'entre nous se sentent frustrés quand ils sont petits. Notre recette maison offre un équilibre parfait entre la taille et les calories.

	Classique	Allégée
Kcal	162	97
Lipides	10 g	5 g
Acides gras saturés	6 g	3 g
Sucre	11 g	6 g

97 kcal par cookie

Protéines : 1 g ; glucides : 12 g ; lipides : 5 g ; acides gras saturés : 3 g ; fibres : 1 g ; sucre : 6 g ; sel : 0,12 g

Pour 22 cookies

Préparation : 25 minutes, plus repos et refroidissement
Cuisson : 12 minutes par fournée

- 85 g de beurre
- 1 c. à s. de cacao en poudre
- 1 c. à c. de café instantané
- 85 g de sucre de canne complet (muscovado)
- 25 g de sucre roux cristallé
- 85 g de chocolat noir à 70 % de cacao
- 1 œuf battu
- ½ c. à c. d'extrait de vanille
- 140 g de farine
- ½ c. à c. de bicarbonate de soude

1 Recouvrez deux plaques de cuisson de papier sulfurisé. Faites chauffer le beurre, le cacao et le café à feu doux jusqu'à ce que le beurre soit fondu. Retirez la casserole du feu, ajoutez les deux sucres et laissez refroidir.

2 Cassez le chocolat en petits morceaux. Battez l'œuf et la vanille puis incorporez-les au mélange refroidi pour obtenir une pâte homogène. Ajoutez la farine et le bicarbonate de soude, puis les deux tiers du chocolat, et mélangez rapidement mais délicatement. Laissez reposer 15 à 20 min, le temps que la pâte se raffermisse un peu.

3 Préchauffez le four à 180 °C (th. 6), ou 160 °C (th. 5-6) en chaleur tournante. Façonnez 22 petites boules. Déposez-les sur les plaques de cuisson, bien espacées pour qu'elles puissent s'étaler en cours de cuisson sans se toucher. (À ce stade, il est possible de congeler les cookies sur les plaques, puis de les transférer dans des sacs de congélation ; ils se conservent ainsi jusqu'à 1 mois.) Enfoncez le reste des morceaux de chocolat dans chaque cookie et enfournez chaque plaque 12 min. Laissez les cookies reposer quelques minutes avant de les faire refroidir sur une grille.

Les deux sucres utilisés ici ont l'avantage d'intensifier la saveur, ce qui permet d'en réduire la quantité.

1/4 1/2

Génoise Victoria

Se contenter de réduire les ingrédients ne suffit pas pour alléger ce grand classique de la pâtisserie. Il a fallu trouver des astuces pour en conserver la consistance et le goût caractéristique.

	Classique	Allégée
Kcal	371	263
Lipides	20,3 g	9,3 g
Acides gras saturés	12 g	2,8 g
Sucre	27,4 g	24,1 g

263 kcal par personne

Protéines : 5,6 g ; glucides : 39 g ; lipides : 9,3 g ; acides gras saturés : 2,8 g ; fibres : 1,3 g ; sucre : 24,1 g ; sel : 0,6 g

Pour 8 personnes

Préparation : 25 minutes
Cuisson : 20 minutes

- 2 c. à s. d'huile de colza, plus un peu pour graisser
- 175 g de farine à pâtisserie (type 55)
- 1½ c. à c. de levure
- 140 g de sucre roux
- 25 g d'amandes en poudre
- 2 œufs
- 175 g de yaourt nature
- 2 ou 3 gouttes d'extrait de vanille
- 25 g de beurre fondu
- 4 c. à s. de confiture de framboises
- ½ c. à c. de sucre glace, pour décorer

1 Préchauffez le four à 180 °C (th. 6), ou 160 °C (th. 5-6) en chaleur tournante. Graissez légèrement 2 moules à manqué de 18 cm de diamètre avec de l'huile, et tapissez le fond de papier sulfurisé. Mélangez la farine, la levure, le sucre et les amandes en poudre dans un saladier, puis faites un puits. Battez à part les œufs, le yaourt et la vanille, puis incorporez-les à la préparation avec l'huile et le beurre fondu. Remuez rapidement avec une cuillère en bois.

2 Répartissez la pâte entre les 2 moules et égalisez la surface. Enfournez 20 min, jusqu'à ce que les gâteaux soient bien gonflés et se détachent légèrement des parois des moules. Sortez les gâteaux du four. Laissez-les tiédir, puis retournez-les sur une grille pour qu'ils refroidissent complètement. Enlevez le papier sulfurisé.

3 Mettez l'un des gâteaux sur un plat de service et recouvrez-le de confiture de framboises. Posez l'autre gâteau par-dessus et saupoudrez de sucre glace en formant un motif à l'aide d'un pochoir.

Pour réduire les lipides et surtout les acides gras saturés, on a remplacé une partie du beurre par du yaourt et de l'huile de colza.

1/2

Flapjacks

Les flapjacks sont ces gâteaux typiquement anglais au beurre, au sucre et aux flocons d'avoine. La pomme râpée joue le rôle de liant dans la version allégée, d'où une réduction des lipides. Néanmoins, chaque barre reste délicieusement addictive.

	Classique	Allégée
Kcal	215	157
Lipides	11,5 g	8,4 g
Acides gras saturés	6,7 g	2,9 g
Sucre	13,1 g	8,3 g

157 kcal par flapjack

Protéines : 3 g ; glucides : 16,1 g ; lipides : 8,4 g ; acides gras saturés : 2,9 g ; fibres : 2,1 g ; sucre : 8,3 g ; sel : 0,1 g

Pour 18 flapjacks

Préparation : 20 minutes
Cuisson : 30-35 minutes

- 85 g de beurre coupé en morceaux
- 50 g de cassonade
- 25 g de sucre de canne complet (muscovado)
- 3 c. à s. de *golden syrup* (ou de sirop d'érable)
- 3 c. à s. d'huile de colza
- 250 g de flocons d'avoine
- 25 g de noisettes grillées finement hachées
- 1 pomme pelée et épépinée (environ 250 g)
- 2 c. à s. de graines de tournesol
- 1 c. à s. de graines de lin doré

1 Préchauffez le four à 180 °C (th. 6), ou 160 °C (th. 5-6) en chaleur tournante. Tapissez de papier sulfurisé le fond d'un moule bas de 28 x 18 cm. Faites chauffer le beurre, la cassonade, le sucre et le *golden syrup* à feu moyen, en remuant de temps en temps jusqu'à ce que le beurre commence à fondre. N'attendez pas que le sucre soit entièrement dissous. Retirez la casserole du feu, ajoutez l'huile, les flocons d'avoine et les noisettes. Râpez la pomme et incorporez-la au mélange.

2 Versez la préparation dans le moule et égalisez la surface. Saupoudrez de graines de tournesol et de lin, que vous incrustez dans la pâte du bout des doigts.

3 Enfournez 25 à 30 min jusqu'à ce que le dessus soit brun doré. Passez la lame d'un couteau à bout rond le long des parois du moule puis, à l'aide du couteau, tracez 17 lignes parallèles. Laissez refroidir, puis découpez en suivant les lignes et sortez les barres du moule.

Grâce à la pomme, les barres sont restées tendres et la quantité de fibres a augmenté.

Cookies aux raisins secs

Le parfait équilibre entre le croquant et la fermeté des cookies classiques est généralement déterminé par la quantité de matières grasses et de sucre utilisée. Un choix judicieux d'ingrédients et une astuce de cuisson ont permis d'alléger suffisamment cette recette pour des gâteaux bien agréables à grignoter.

	Classique	Allégée
Kcal	218	116
Lipides	11 g	5,6 g
Acides gras saturés	5,3 g	2 g
Sucre	15,1 g	8,2 g

116 kcal par cookie

Protéines : 1,8 g ; glucides : 14,2 g ; lipides : 5,6 g ; acides gras saturés : 2 g ; fibres : 1 g ; sucre : 8,2 g ; sel : 0,1 g

Pour 15 cookies

Préparation : 25 minutes, plus refroidissement
Cuisson : 10 minutes par fournée

- 50 g de beurre
- 3 c. à s. d'huile de colza
- 1 c. à s. de *golden syrup* (ou de sirop d'érable)
- 50 g de farine complète
- 50 g de farine blanche
- 50 g de flocons d'avoine
- 50 g de sucre de canne complet (muscovado)
- ¼ c. à c. de levure
- ¼ c. à c. de bicarbonate de soude
- ½ c. à c. de cannelle en poudre
- 85 g de raisins secs
- 1 œuf battu

1 Préchauffez le four à 180 °C (th. 6), ou 160 °C (th. 5-6) en chaleur tournante. Recouvrez une grande plaque de cuisson de papier sulfurisé (ou 2 plaques si possible).

2 Faites fondre le beurre dans une petite casserole, puis retirez-la du feu et versez l'huile et le *golden syrup*. Réservez et laissez tiédir. Mélangez les farines et les flocons d'avoine dans un saladier, ajoutez le sucre, la levure, le bicarbonate de soude, la cannelle et les raisins secs. Faites un puits, puis incorporez le beurre fondu et l'œuf. Mélangez le tout jusqu'à obtenir une pâte légèrement collante.

3 Façonnez 15 boules de même taille. Placez-les sur la plaque de cuisson, bien espacées, et aplatissez-les en cercles d'environ 6 cm de diamètre. Enfournez chaque plaque 10 min environ jusqu'à ce que les cookies soient dorés. Laissez-les refroidir quelques minutes avant de les transférer sur une grille.

Inutile de graisser les plaques pour empêcher les cookies d'attacher, il suffit de les recouvrir de papier sulfurisé.

1/3

Tarte aux amandes

Dans cette version revisitée, le mariage de la farine de maïs et des amandes donne une tarte moins riche en lipides, mais à la consistance toujours aussi moelleuse. Dégustée le lendemain, elle est encore plus savoureuse.

	Classique	Allégée
Kcal	429	280
Lipides	28,2 g	16,2 g
Acides gras saturés	12,5 g	3,9 g
Sucre	20,3 g	12,8 g

280 kcal par personne

Protéines : 5,9 g ; glucides : 27,2 g ; lipides : 16,2 g ; acides gras saturés : 3,9 g ; fibres : 1,1 g ; sucre : 12,8 g ; sel : 0,4 g

Pour 8 personnes

Préparation : 25 minutes
Cuisson : 50 minutes

La farine de maïs remplace avantageusement une partie des amandes.

Pour la pâte

- 200 g de pâte brisée toute prête
- farine pour le plan de travail
- 100 g de framboises fraîches
- 1 c. à s. de confiture de framboises
- 1 c. à s. d'amandes effilées
- 1 c. à s. bombée de sucre glace tamisé

Pour la garniture

- 50 g d'amandes en poudre
- 50 g de farine de maïs
- 50 g de sucre roux, plus 2 c. à c.
- ½ c. à c. de levure
- 2 œufs
- 100 g de yaourt nature
- ½ c. à c. d'extrait d'amande
- 2 c. à s. d'huile de colza

1 Préchauffez le four à 200 °C (th. 6-7), ou 180 °C (th. 6) en chaleur tournante. Étalez finement la pâte sur une surface légèrement farinée. Foncez-en une tourtière de 20 cm de diamètre à bord cannelé, en pressant la pâte dans les cannelures pour l'empêcher de s'affaisser à la cuisson. Passez un rouleau à pâtisserie sur les bords du moule afin d'enlever l'excès de pâte et piquez le fond avec une fourchette. Placez la tourtière sur une plaque de cuisson. Recouvrez-la de papier sulfurisé et remplissez de billes de cuisson ou de haricots secs. Enfournez 12 min.

2 Préparez la garniture. Faites chauffer une petite poêle antiadhésive à feu doux, mettez-y la poudre d'amandes à griller 2 à 3 min, en remuant souvent, jusqu'à ce qu'elle brunisse légèrement. Transvasez dans un bol et laissez refroidir.

3 Enlevez le papier sulfurisé et les billes ou les haricots de la tourtière et poursuivez la cuisson 5 min, jusqu'à ce que la pâte soit légèrement dorée. Sortez-la du four et baissez la température à 180 °C (th. 6), ou 160 °C (th. 5-6) en chaleur tournante.

4 Dans un bol, écrasez à la fourchette les framboises fraîches et la confiture, puis étalez cette purée sur la pâte. Mélangez la farine de maïs, le sucre et la levure dans un saladier avec la poudre d'amandes grillée. Faites un puits au centre. Versez-y les œufs battus avec le yaourt et l'extrait d'amande. Incorporez l'huile et remuez le tout délicatement, mais pas trop longtemps, avec une cuillère en bois.

5 Versez cette garniture sur les framboises et parsemez d'amandes effilées. Enfournez 30 min jusqu'à ce que le gâteau soit gonflé et légèrement doré. Laissez tiédir, puis démoulez.

6 Délayez le sucre glace dans quelques gouttes d'eau froide pour obtenir un glaçage assez épais. À l'aide d'une petite cuillère, décorez-en la tarte refroidie.

Bûche au chocolat

Bien que traditionnellement servie à Noël, cette bûche au chocolat peut régaler les gourmands à n'importe quel moment de l'année et sans culpabilité, car elle ne contient ni beurre ni crème.

	Classique	Allégée
Kcal	482	271
Lipides	29 g	13 g
Acides gras saturés	16 g	7 g
Sucre	42 g	22 g

271 kcal par personne

Protéines : 8 g ; glucides : 33 g ; lipides : 13 g ; acides gras saturés : 7 g ; fibres : 1 g ; sucre : 22 g ; sel : 0,29 g

Pour 10 personnes

Préparation : 35 minutes, plus refroidissement
Cuisson : 12-15 minutes

Pour la génoise

- huile de colza pour le moule
- 1 c. à c. de café instantané
- 4 œufs à température ambiante
- 85 g de sucre roux, plus un peu pour saupoudrer
- 50 g de sucre de canne complet (muscovado)
- 120 g de farine à pâtisserie (type 55)
- 2 c. à s. de cacao en poudre

Pour le glaçage

- 50 g de chocolat noir à 70 % de cacao, finement haché
- 250 g de mascarpone allégé
- 140 g de faisselle à 0 % de matières grasses
- 50 g de sucre glace
- 1½ c. à s. de cacao en poudre
- 1 c. à c. de café instantané
- ½ c. à c. d'extrait de vanille

1 Préchauffez le four à 190 °C (th. 6-7), ou 170 °C (th. 5-6) en chaleur tournante. Graissez légèrement un moule de 23 x 33 cm avec l'huile, puis tapissez-le de papier sulfurisé.

2 Préparez la génoise. Mélangez le café avec 1 c. à s. d'eau chaude. Dans un saladier, battez les œufs, les deux sucres et le café au fouet électrique environ 8 min jusqu'à ce que le mélange épaississe et blanchisse, et laisse une trace quand vous soulevez le fouet.

3 Tamisez la farine et le cacao sur la préparation, puis remuez délicatement avec une cuillère en bois. Versez la pâte dans le moule en l'étalant régulièrement. Enfournez 12 à 15 min jusqu'à ce que la génoise soit élastique et ferme au toucher.

4 Étalez une feuille de papier sulfurisé sur la surface de travail et saupoudrez-la de sucre roux. Retournez le moule et enlevez avec précaution le papier sulfurisé collé au gâteau. Roulez la génoise en vous aidant de l'autre feuille de papier. Laissez-la refroidir. Elle est encore plus moelleuse si elle reste enveloppée dans du film alimentaire toute une nuit avant d'être mise au réfrigérateur.

5 Pour le glaçage, mettez le chocolat haché dans un bol résistant à la chaleur. Portez à ébullition une petite casserole d'eau remplie au tiers. Ôtez-la du feu et posez le bol de chocolat dessus. Laissez fondre le chocolat, retirez le bol de la casserole et réservez-le.

6 Battez le mascarpone et la faisselle dans un saladier, puis tamisez le sucre glace et le cacao. Incorporez au chocolat refroidi – dont vous réservez 1 ou 2 c. à c. pour la décoration –, avec le café et l'extrait de vanille.

7 Déroulez le gâteau avec précaution – ne vous inquiétez pas s'il se craquelle un peu – et enlevez le papier sulfurisé. Étalez la moitié du glaçage sur le gâteau, puis roulez-le de nouveau en plaçant la jointure dessous. Déposez la bûche sur un plat de service et recouvrez-la intégralement de glaçage. Terminez par le chocolat fondu versé en filet. Décorez avec des feuilles de houx si vous le souhaitez.

Pour réduire les lipides du glaçage, on a utilisé du mascarpone allégé et de la faisselle à 0 % de matières grasses.

•

L'utilisation de cacao en poudre, de café et d'extrait de vanille a permis de diminuer la quantité de chocolat.

•

Le glaçage a été réalisé avec moins de sucre que d'ordinaire.

ACCOMPAGNEMENTS, SNACKS ET EXTRAS

Petit déjeuner anglais complet

Avez-vous déjà pris un petit déjeuner anglais sans vous sentir ensuite un peu coupable ? Avec cette version revisitée, c'est le cœur léger que vous pourrez débuter votre journée !

	Classique	Allégée
Kcal	807	618
Lipides	63 g	37 g
Acides gras saturés	18 g	11 g
Sel	4,52 g	3,05 g

618 kcal par personne

Protéines : 37 g ; glucides : 37 g ; lipides : 37 g ; acides gras saturés : 11 g ; fibres : 5 g ; sucre : 21 g ; sel : 3,05 g

Pour 2 personnes

Préparation : 5 minutes
Cuisson : 20 minutes

- 4 tranches de bacon non fumé
- 4 champignons portobello bruns épluchés
- 12 à 16 tomates cerises à température ambiante
- 6 c. à c. d'huile d'olive
- 2 tranches de pain complet coupées en triangle
- 2 saucisses de porc à 15 % de matières grasses
- 2 œufs à température ambiante
- quelques gouttes de vinaigre de cidre
- 2 verres de 10 cl de jus d'orange fraîchement pressé
- 1 orange coupée en tranches
- 1 poignée de myrtilles fraîches (50 g environ)

1 Mettez le bacon, les champignons et les tomates sur une plaque de cuisson recouverte de papier sulfurisé. Badigeonnez les chapeaux des champignons avec 3 c. à c. d'huile, et les deux côtés des tranches de pain avec l'huile restante. Réservez.

2 Préchauffez une poêle-gril antiadhésive. Placez-y les saucisses, sans les piquer pour qu'elles ne se dessèchent pas en cuisant. Laissez-les griller 10 min, jusqu'à ce qu'elles soient cuites à cœur, en les retournant en cours de cuisson.

3 Remplissez aux trois quarts d'eau une petite casserole et une grande sauteuse. Portez à ébullition. Mettez un œuf dans la casserole et sortez-le au bout de 30 s, puis cassez-le dans une tasse. Ajoutez le vinaigre dans la sauteuse et, à l'aide d'un fouet, créez un tourbillon ; faites-y glisser délicatement l'œuf. À la reprise de l'ébullition, retirez la sauteuse du feu, attendez 3 min, puis égouttez l'œuf. Mettez-le dans un bol d'eau chaude pendant que vous faites cuire l'autre. Il est possible de préparer les œufs une heure à l'avance, de les conserver dans un bol d'eau glacée et de les réchauffer 1 min 30 dans de l'eau frémissante avant de les servir.

4 Pendant la cuisson des œufs, préchauffez le four en position gril à 250 °C. Enfournez la plaque avec le bacon, les champignons et les tomates 3 à 4 min sans les retourner. Pendant ce temps, faites chauffer la poêle-gril, mettez-y le pain à dorer environ 1 min de chaque côté, jusqu'à ce qu'il soit croustillant. Égouttez sur du papier absorbant.

5 Sortez les œufs avec une écumoire et égouttez-les sur du papier absorbant. Répartissez le tout dans 2 assiettes et servez avec le jus d'orange et les fruits.

Pour réduire le sel, vérifiez soigneusement les étiquettes du pain, du bacon et des saucisses.

Granolas croquants

De nombreux granolas sont très sucrés et trop riches en lipides. Bien qu'allégée, cette version n'en croustille pas moins sous la dent et son apport en sucres lents vous donnera de l'énergie toute la matinée.

	Classique	Allégée
Kcal	283	236
Lipides	17,6 g	13,2 g
Acides gras saturés	2,1 g	1,5 g
Sucre	7,6 g	4,4 g

236 kcal par portion

Protéines : 7,1 g ; glucides : 19,5 g ; lipides : 13,2 g ; acides gras saturés : 1,5 g ; fibres : 4,5 g ; sucre : 4,4 g ; sel : 0 g

Pour 18 parts de 50 g

Préparation : 15 minutes
Cuisson : 20-25 minutes

- 450 g de flocons d'avoine
- 25 g d'amandes entières hachées
- 50 g de noix de pécan hachées
- 50 g de noisettes concassées
- 50 g de graines de tournesol
- 50 g de graines de citrouille
- 4 c. à s. de graines de lin doré
- 3 c. à s. de graines de sésame
- 4 c. à s. d'huile de colza
- 2 c. à s. de miel clair
- 2 c. à c. de mélasse noire
- 50 g de myrtilles séchées ou de canneberges

1 Préchauffez le four à 190 °C (th. 6-7), ou 170 °C (th. 5-6) en chaleur tournante. Recouvrez une grande plaque de cuisson de papier sulfurisé. Dans un saladier, mélangez les flocons d'avoine avec tous les fruits à coque et toutes les graines.

2 Mettez l'huile dans un bol, ajoutez le miel et la mélasse. Versez le mélange sur les flocons d'avoine et remuez le tout à l'aide d'une fourchette, pour bien enrober les fruits et les graines.

3 Versez le mélange sur la plaque en l'étalant de manière régulière. Enfournez 20 à 25 min. Lors de la cuisson, piquez la préparation deux ou trois fois avec une fourchette, afin de faire remonter ce qui se trouve en dessous pour le faire brunir aussi. Sortez le granola doré du four et incorporez les myrtilles séchées ou les canneberges. Laissez-le refroidir jusqu'à ce qu'il devienne croquant. Coupez-le en barres puis rangez-les dans un récipient hermétique pour une bonne conservation.

ASTUCES

- Si vous mesurez l'huile avec une cuillère, ne la lavez pas et utilisez-la ensuite pour verser le miel qui glissera mieux.
- Ajoutez les myrtilles ou canneberges séchées après la cuisson, sinon elles risquent de durcir.

La mélasse noire est pratique pour sucrer, car son goût fort permet d'utilser moins de miel.

Tortilla

Dans la recette traditionnelle espagnole, les pommes de terre et les oignons sont cuits dans une bonne quantité d'huile, avant d'être incorporés aux œufs. Pour alléger la recette, on a préféré la cuisson au four.

	Classique	Allégée
Kcal	558	295
Lipides	38,9 g	16,5 g
Acides gras saturés	6,7 g	3,5 g
Sel	0,6 g	0,5 g

295 kcal par personne

Protéines : 12,1 g ; glucides : 24,2 g ; lipides : 16,5 g ; acides gras saturés : 3,5 g ; fibres : 4,2 g ; sucre : 6,3 g ; sel : 0,5 g

Pour 4 personnes

Préparation : 25 minutes
Cuisson : 35 minutes

1 oignon finement haché

1 poivron rouge épluché, épépiné et finement haché

3 c. à s. d'huile d'olive vierge extra, plus un peu pour badigeonner les légumes

500 g de pommes de terre nouvelles, non pelées et coupées en petits morceaux

100 g de pousses d'épinards

6 œufs

3 c. à s. de persil plat haché, plus 1 c. à s. pour servir

sel, poivre noir fraîchement moulu

1 Préchauffez le four à 190 °C (th. 6-7), ou 170 °C (th. 5-6) en chaleur tournante. Étalez l'oignon sur la moitié d'une plaque antiadhésive et le poivron sur l'autre moitié. Badigeonnez-les d'huile et remuez pour les enrober, mais sans les mélanger. Déposez les pommes de terre sur une autre plaque et arrosez-les avec 1 c. à s. d'huile. Poivrez, puis enfournez les plaques 20 à 25 min, jusqu'à ce que les légumes soient tendres et dorés.

2 Mettez les épinards dans un saladier résistant à la chaleur et ébouillantez-les pour qu'ils flétrissent. Attendez 30 s puis transférez-les dans une passoire. Rafraîchissez-les sous un filet d'eau froide pour arrêter la cuisson. Pressez-les pour en extraire toute l'eau et hachez-les finement.

3 Battez les œufs à la fourchette dans un saladier avec un peu d'eau froide, puis incorporez l'oignon, les pommes de terre, les épinards, le poivron et 3 c. à s. de persil. Poivrez et salez un peu. Laissez reposer 5 min pour que les saveurs se mélangent.

4 Faites chauffer 1 c. à s. d'huile dans une poêle antiadhésive, versez-y la préparation. Lorsqu'elle commence à prendre sur les bords, inclinez légèrement la poêle dans tous les sens pour répartir les œufs encore liquides sur toute la surface. Laissez cuire 6 à 7 min, jusqu'à ce que le dessous de la tortilla soit brun et le centre encore baveux. Vérifiez qu'elle n'attache pas, puis retournez-la avec précaution sur une grande assiette.

5 Versez le reste d'huile dans la poêle, faites-y glisser la tortilla et laissez-la cuire de l'autre côté 4 min. Retirez du feu et attendez 3 à 4 min avant de servir. Cette délicieuse omelette se mange chaude, tiède ou froide, saupoudrée de persil.

On a réduit les lipides de moitié en cuisant les légumes au four avec peu d'huile, et en utilisant une poêle antiadhésive.

Légumes rôtis

Pour obtenir des légumes croustillants et dorés, de généreuses quantités d'huile sont normalement nécessaires. Dans cette version, les légumes cuisent en papillote avec très peu de matières grasses, enveloppés dans du papier sulfurisé. Ils sont alors tendres à souhait et offrent un véritable concentré de saveurs qui donne envie de les croquer sans attendre.

	Classique	Allégée
Kcal	198	141
Lipides	8,9 g	3,8 g
Acides gras saturés	1,3 g	0,4 g
Sel	0,3 g	0,2 g

- 1 poivron rouge
- 1 courgette
- 400 g de pommes de terre nouvelles grattées et coupées en deux
- 4 échalotes pelées et coupées en deux
- 8 gousses d'ail pelées
- 4 brins de romarin
- 4 c. à c. d'huile de colza
- sel, poivre noir fraîchement moulu

141 kcal par personne

Protéines : 4 g ; glucides : 22,2 g ; lipides : 3,8 g ; acides gras saturés : 0,4 g ; fibres : 3,7 g ; sucre : 5,4 g ; sel : 0,2 g

Pour 4 personnes

Préparation : 15 minutes
Cuisson : 30 minutes

1 Préchauffez le four à 200 °C (th. 6-7), ou 180 °C (th. 6) en chaleur tournante. Découpez 4 carrés de papier sulfurisé de 40 cm de côté.

2 Partagez le poivron en quatre, enlevez la queue et les pépins et recoupez chaque quartier en quatre pour obtenir 16 morceaux. Coupez la courgette en 12 rondelles épaisses.

3 Répartissez les légumes et les pommes de terre au centre de chaque carré de papier, ajoutez 1 échalote, 2 gousses d'ail, 1 brin de romarin et 1 c. à c. d'huile. Poivrez et salez légèrement. Fermez les papillotes en repliant le papier sur les légumes.

4 Placez les papillotes sur une plaque de cuisson et enfournez 30 min, jusqu'à ce que les légumes soient tendres.

ASTUCES

- Coupez les légumes en morceaux de même grosseur pour une cuisson homogène.
- Ces papillotes sont idéales pour accompagner un poulet rôti ou un poisson.

La cuisson en papillote et l'utilisation d'huile de colza ont permis de réduire les acides gras saturés.

Houmous

Un des plaisirs de la dégustation du houmous – un mélange de pois chiches, de tahini et d'huile d'olive – est sa consistance riche et crémeuse. Il est toutefois possible de réduire la quantité de matières grasses en ajoutant du yaourt et de l'ail rôti : cette version allégée au goût surprenant contient moitié moins de lipides et d'acides gras saturés.

	Classique	Allégée
Kcal	233	145
Lipides	18,9 g	8,2 g
Acides gras saturés	2,6 g	1 g
Sel	0,4 g	0,5 g

1 tête d'ail

1 c. à c. de graines de cumin

400 g de pois chiches en conserve

2 c. à s. de jus de citron, plus un peu selon le goût

1½ c. à s. de tahini (crème de sésame)

2 c. à c. d'huile de colza

2 c. à s. de yaourt nature

sel

1 pincée de paprika et du persil plat haché, pour garnir

145 kcal par portion

Protéines : 6,8 g ; glucides : 11,4 g ; lipides : 8,2 g ; acides gras saturés : 1 g ; fibres : 4,5 g ; sucre : 1,1 g ; sel : 0,5 g

Pour 4 personnes

Préparation : 15 minutes
Cuisson : 25-30 minutes

1 Préchauffez le four à 190 °C (th. 6-7), ou 170 °C (th. 5-6) en chaleur tournante. Coupez la tête d'ail du côté de la tige de façon à exposer légèrement le haut des gousses. Mettez-la dans un petit plat allant au four et laissez-la rôtir 25 à 30 min, jusqu'à ce que les gousses soient tendres.

2 Pendant ce temps, faites chauffer une petite casserole à fond épais et faites-y sauter les graines de cumin 1 min jusqu'à ce qu'elles commencent à brunir légèrement et à dégager leur parfum ; remuez la casserole pour qu'elles ne brûlent pas.

3 Égouttez les pois chiches dans une passoire puis mixez-les avec le jus de citron et 3 c. à s. d'eau froide. Lorsque l'ail est cuit, sortez-le du four. Laissez-le tiédir un peu, puis séparez les gousses et pressez-les pour en extraire la pulpe. Ajoutez-la aux pois chiches. Mixez jusqu'à obtenir un mélange homogène, puis incorporez le tahini, 1 c. à c. d'huile, le yaourt, ½ c. à c. de graines de cumin grillées et une pincée de sel. Mixez de nouveau jusqu'à ce que la pâte soit onctueuse et crémeuse.

4 Goûtez et rectifiez l'assaisonnement si nécessaire. Si la consistance de la pâte paraît trop ferme, allongez-la avec un peu d'eau. Transvasez le houmous dans un bol. Saupoudrez d'une pincée de paprika, ajoutez le persil haché et les graines de cumin réservées, et arrosez avec l'huile qui reste.

La saveur et le crémeux sont conservés, mais les lipides ont été réduits en remplaçant une partie de l'huile et du tahini par du yaourt et de l'ail rôti.

Roulés à la saucisse

Ne craignez pas de déguster ces roulés à la saucisse. En utilisant du porc haché maigre à la place de la chair à saucisse bon marché, souvent trop riche en matières grasses, vous ne risquez rien côté calories.

	Classique	Allégée
Kcal	178	99
Lipides	13,8 g	5,5 g
Acides gras saturés	5 g	2 g
Sel	0,83 g	0,27 g

99 kcal par roulé

Protéines : 5,9 g ; glucides : 6,8 g ; lipides : 5,5 g ; acides gras saturés : 2 g ; fibres : 0,6 g ; sucre : 0,3 g ; sel : 0,27 g

Pour 16 roulés

Préparation : 25 minutes, plus refroidissement et réfrigération (en option)
Cuisson : 20 minutes

Pour la garniture

- 1 c. à c. d'huile de colza
- 1 échalote finement hachée
- 100 g de lentilles vertes en conserve
- 300 g de porc haché à 8 % de matières grasses
- 50 g de chapelure blanche fraîche
- 2 c. à c. d'estragon finement haché
- 1 bonne pincée de moutarde anglaise en poudre (ou 1 c. à c. de moutarde de Dijon)
- 1 bonne pincée de noix de muscade râpée
- sel, poivre noir fraîchement moulu
- farine pour le plan de travail

Pour la pâte

- 200 g de pâte feuilletée toute prête
- 2 c. à c. de lait demi-écrémé pour dorer

1 Préchauffez le four à 220 °C (th. 7-8), ou 200 °C (th. 6-7) en chaleur tournante. Tapissez une plaque de cuisson de papier sulfurisé.

2 Faites chauffer l'huile dans une petite casserole antiadhésive, ajoutez l'échalote et faites-la revenir quelques minutes jusqu'à ce qu'elle soit tendre. Laissez refroidir. Dans un saladier, écrasez les lentilles avec le dos d'une cuillère. Incorporez le reste des ingrédients de la garniture, l'échalote, une petite pincée de sel et plusieurs tours de moulin à poivre noir. Couvrez et réfrigérez 20 min.

3 Partagez la garniture en deux. Farinez légèrement le plan de travail et façonnez deux saucisses de 28 cm de long. Réservez.

4 Étalez la pâte sur le plan de travail légèrement fariné en un carré d'environ 30 cm de côté. Coupez-la en deux. Enroulez une des saucisses dans un rectangle de pâte, scellez les bords en les badigeonnant avec un peu de lait. Si nécessaire, coupez les extrémités pour qu'elles soient bien nettes, puis tranchez le roulé en 8 portions. Placez-les sur la plaque de cuisson, les jointures en dessous. À l'aide d'un couteau, faites 3 entailles sur le dessus de chaque roulé et badigeonnez avec un peu de lait. Renouvelez l'opération avec la pâte et la saucisse restantes.

5 Enfournez 18 à 20 min, jusqu'à ce que les roulés soient dorés et légèrement gonflés. Sortez-les du four et laissez-les refroidir sur une grille. Servez-les chauds ou froids.

Pour réduire les acides gras saturés, on a réalisé la farce avec un mélange de porc maigre et de lentilles vertes.

Chaussons à la viande

Ne passez pas à côté de cette recette anglaise très appréciée. Le secret de la version allégée réside dans la pâte, beaucoup plus fine que dans la tourte traditionnelle et utilisée en plus petite quantité.

	Classique	Allégée
Kcal	821	511
Lipides	50,6 g	25,2 g
Acides gras saturés	27,8 g	10,7 g
Sel	1,9 g	0,8 g

511 kcal par chausson

Protéines : 22,1 g ; glucides : 48,5 g ; lipides : 25,2 g ; acides gras saturés : 10,7 g ; fibres : 2,8 g ; sucre : 3,1 g ; sel : 0,8 g

Pour 6 chaussons

Préparation : 1 heure
Cuisson : 50 minutes

Pour la garniture

- 400 g de bœuf dégraissé et coupé en petits morceaux
- 140 g de pommes de terre coupées en petits morceaux
- 140 g de rutabaga coupé en petits morceaux
- 100 g d'oignon finement haché
- 3 c. à s. de persil haché
- 1 c. à s. de sauce Worcestershire
- sel
- ¾ c. à c. de poivre noir fraîchement moulu

Pour la pâte

- 350 g de farine, plus un peu pour le plan de travail
- 1¼ c. à c. de levure
- 85 g de beurre froid coupé en petits morceaux
- 3 c. à s. d'huile de colza vierge extra
- 1 œuf clarifié

1 Préchauffez le four à 200 °C (th. 6-7), ou 180 °C (th. 6) en chaleur tournante. Recouvrez 1 ou 2 plaques de cuisson de papier sulfurisé.

2 Pour préparer la garniture, mélangez tous les ingrédients dans un saladier avec le poivre noir et 1 c. à s. d'eau froide. Ajoutez une pincée de sel et réservez.

3 Préparez la pâte. Mixez la farine, la levure et le beurre jusqu'à obtenir une fine chapelure. Versez l'huile, le jaune d'œuf et 5 c. à s. d'eau froide. Mixez de nouveau jusqu'à ce que la pâte commence à s'amalgamer, en ajoutant ½ à 1 c. à s. d'eau, ou plus si nécessaire. Lorsque la pâte devient un peu collante sous les doigts, la consistance est bonne. Posez-la sur le plan de travail et donnez-lui la forme d'une boule lisse.

4 Coupez la pâte en 6 parts égales et façonnez-les rapidement en boules. Sur la plan de travail fariné, aplatissez-les à la main en cercles d'épaisseur régulière. À l'aide d'un rouleau à pâtisserie, étalez-les aussi finement que possible, jusqu'à obtenir 6 cercles de 20 cm de diamètre. Comme la pâte est très mince, manipulez-la avec précaution et veillez à ce que le rouleau et le plan de travail soient toujours farinés pour qu'elle ne colle pas. Aidez-vous d'une tourtière de 20 cm pour couper les bords de la pâte tout autour.

5 Mettez un sixième de la garniture sur un cercle de pâte et aplatissez-la légèrement. Humidifiez les bords de la pâte avec un peu d'eau et formez un chausson en repliant la pâte sur elle-même. Soudez les bords en appuyant avec les doigts pour que le chausson soit hermétiquement fermé, puis repliez-les vers le haut pour former une bordure décorative. Renouvelez l'opération avec le reste de pâte et de garniture.

6 Placez les chaussons sur la(les) plaque(s) garnies de papier sulfurisé, percez un petit trou au sommet pour laisser s'échapper la vapeur. Battez légèrement le blanc d'œuf et badigeonnez-en les chaussons pour les dorer.

7 Enfournez 15 min, puis baissez la température du four à 180 °C (th. 6), ou 160 °C (th. 5-6) en chaleur tournante. Badigeonnez à nouveau de blanc d'œuf et poursuivez la cuisson 35 min jusqu'à ce que la pâte soit croustillante et dorée ; si elle brunit trop rapidement, recouvrez-la de papier d'aluminium. Sortez les chaussons du four avec une spatule et laissez-les refroidir sur une grille. Servez chaud ou froid.

On a limité les lipides en choisissant de la viande dégraissée.

•

Dans la pâte, on a utilisé de l'huile de colza pour réduire la teneur en graisses saturées.

•

On a étalé finement la pâte, limitant ainsi la quantité utilisée.

•

En poivrant bien la garniture, on a pu saler moins.

½

Pain à l'ail

Imprégné de beurre, le pain à l'ail est un vrai régal dès la première bouchée, mais il est bien trop riche en lipides ! Avec quelques légers changements, cette version revisitée affiche moitié moins de graisses saturées tout en restant agréablement parfumée.

	Classique	Allégée
Kcal	230	160
Lipides	11,4 g	8,3 g
Acides gras saturés	6,7 g	3,1 g
Sel	0,8 g	0,6 g

160 kcal pour 2 tranches

Protéines : 4,8 g ; glucides : 16,6 g ; lipides : 8,3 g ; acides gras saturés : 3,1 g ; fibres : 1,3 g ; sucre : 1,1 g ; sel : 0,6 g

Pour 8 personnes

Préparation : 20 minutes
Cuisson : 12 minutes

- 25 g de beurre doux à température ambiante
- 25 g de mayonnaise
- 50 g de mozzarella râpée
- 2 c. à c. d'huile d'olive vierge extra
- 3 gousses d'ail écrasées
- 1 c. à s. de persil finement haché
- 1 c. à s. de ciboulette ciselée
- 1 pain ciabatta de 270 g
- poivre noir fraîchement moulu

1 Préchauffez le four à 190 °C (th. 6-7), ou 170 °C (th. 5-6) en chaleur tournante. Battez le beurre et la mayonnaise dans un bol jusqu'à obtenir une texture homogène. Incorporez la mozzarella, l'huile et l'ail, puis ajoutez le persil et la ciboulette. Poivrez.

2 Coupez le pain ciabatta en deux horizontalement et tartinez chaque moitié avec la préparation à l'ail. Enfermez-les dans du papier sulfurisé sans trop serrer comme si vous faisiez une papillote. Posez-les sur une plaque de cuisson et enfournez 10 min.

3 Préchauffez le gril au maximum. Ouvrez le papier et faites griller 2 min jusqu'à ce que le pain soit croustillant et doré. Coupez chaque morceau en 8 tranches et servez.

Un mélange de mozzarella, de mayonnaise et d'huile d'olive à la place d'une partie du beurre a permis de diviser par deux les graisses saturées.

Poireaux et petits pois braisés

Le poireau possède des vertus nutritionnelles incontestables. Cet aliment sain et léger se marie bien à du saumon ou du poulet.

	Classique	Allégée
Kcal	90	56
Lipides	4,1 g	1,9 g
Acides gras saturés	2,3 g	0,3 g
Sel	0,2 g	0,4 g

56 kcal par personne

Protéines : 3,6 g ; glucides : 6,1 g ; lipides : 1,9 g ; acides gras saturés : 0,3 g ; fibres : 3,5 g ; sucre : 2,5 g ; sel : 0,4 g

Pour 6 personnes

Préparation : 5 minutes
Cuisson : 20 minutes

- 6 poireaux
- 25 cl de bouillon de légumes ou de poulet
- 3 gousses d'ail hachées
- 4 brins de thym, plus quelques feuilles pour servir
- 200 g de petits pois congelés
- 2 c. à c. d'huile d'olive
- poivre noir fraîchement moulu

1 Enlevez les feuilles extérieures des poireaux, puis coupez-les en deux et rincez-les sous l'eau froide.

2 Versez le bouillon de légumes ou de poulet dans une grande sauteuse, ajoutez l'ail, les brins de thym et les poireaux sans les entasser. Poivrez, couvrez et laissez mijoter 15 min, jusqu'à ce qu'ils soient presque tendres.

3 Mettez les petits pois dans la sauteuse, portez à ébullition, puis laissez cuire à petit feu encore 5 min, jusqu'à ce que les légumes soient cuits.

4 À l'aide d'une écumoire, transférez les poireaux et les petits pois dans un plat de service chaud. Poivrez de nouveau et arrosez d'huile avant de parsemer de feuilles de thym.

On a préféré l'huile d'olive au beurre pour réduire les graisses saturées, et ajouté de l'ail et du thym pour la saveur.

Ratatouille

Pour éviter que les aubergines absorbent trop d'huile, on a fait le choix d'une cuisson au four. Quant aux graines de coriandre, elles renforcent la saveur et confèrent une touche originale à la recette.

	Classique	Allégée
Kcal	249	161
Lipides	18,2 g	8,8 g
Acides gras saturés	2,8 g	1,4 g
Sel	0,9 g	0,2 g

161 kcal par personne

Protéines : 5,1 g ; glucides : 15,6 g ; lipides : 8,8 g ; acides gras saturés : 1,4 g ; fibres : 7,5 g ; sucre : 13,7 g ; sel : 0,2 g

Pour 4 personnes

Préparation : 35 minutes
Cuisson : 45 minutes

2 poivrons rouges épluchés et épépinés, coupés en lanières

2 courgettes coupées en rondelles

1 aubergine coupée en cubes

2 c. à s. d'huile d'olive, plus 2 c. à c. pour la sauce

2 brins de thym

2 brins de romarin

1 feuille de laurier

1 oignon haché

4 gousses d'ail finement hachées

450 g de tomates

1 c. à c. de graines de coriandre écrasées

sel, poivre noir fraîchement moulu

1 poignée de coriandre fraîche et de persil plat hachés, pour garnir

1 Préchauffez le four à 200 °C (th. 6-7), ou 180 °C (th. 6) en chaleur tournante. Répartissez, sans les mélanger, les poivrons, les courgettes et l'aubergine sur un grand plat allant au four. Arrosez l'aubergine avec 1 c. à s. d'huile et les poivrons et les courgettes avec une autre cuillerée. Remuez les légumes séparément pour bien les enrober. Poivrez et salez légèrement. Enfournez 30 à 35 min jusqu'à ce qu'ils soient tendres et brunis.

2 Préparez une sauce tomate. Liez le thym, le romarin et la feuille de laurier en bouquet garni. Faites chauffer 2 c. à c. d'huile dans une grande casserole ou une sauteuse. Ajoutez l'oignon et l'ail et faites-les frire 10 min à feu moyen, en remuant de temps en temps, jusqu'à ce qu'ils aient ramolli, sans brunir. Coupez les tomates en deux, retirez les pépins et concassez-les. Mettez les tomates et le bouquet garni dans la sauteuse et laissez cuire à feu doux ou moyen 20 à 25 min, jusqu'à obtenir la consistance souhaitée.

3 Incorporez les légumes rôtis et leur jus à la sauce tomate. Ajoutez les graines de coriandre écrasées, couvrez et faites chauffer brièvement afin que les légumes mêlent leur saveur et gardent leur forme. Retirez le bouquet garni, poivrez si nécessaire et parsemez de coriandre fraîche et de persil avant de servir.

Grâce aux graines de coriandre, on a pu diminuer la quantité de sel.

ASTUCE

- Bien qu'elle soit le plus souvent servie chaude en accompagnement d'une viande, d'un poisson ou même d'œufs, la ratatouille se consomme aussi seule pour un déjeuner ou un dîner léger, tiède ou froide. Avec un peu de feta émiettée, elle sera plus substantielle, mais aussi plus grasse.

Épinards à la crème et à l'ail

Épinards et crème fraîche composent un accompagnement délicieux, dont le taux de matières grasses se révèle souvent assez élevé. La sauce onctueuse proposée ici n'utilise pas de beurre mais une crème à 30 %, ce qui entraîne une réduction importante des lipides et des calories.

	Classique	Allégée
Kcal	192	83
Lipides	12,9 g	3,1 g
Acides gras saturés	7,7 g	1,6 g
Sel	0,8 g	0,6 g

- 1 c. à s. de Maïzena
- 25 cl de lait demi-écrémé
- 2 gousses d'ail finement hachées
- 1 échalote finement hachée
- 400 g de pousses d'épinards
- 1 bonne pincée de noix de muscade râpée, plus un peu pour garnir
- 2 c. à s. de crème fraîche à 30 % de matières grasses
- sel, poivre noir fraîchement moulu

83 kcal par personne

Protéines : 5,5 g ; glucides : 8,3 g ; lipides : 3,1 g ; acides gras saturés : 1,6 g ; fibres : 3,1 g ; sucre : 4,8 g ; sel : 0,6 g

Pour 4 personnes

Préparation : 15 minutes
Cuisson : 15 minutes

1 Mélangez la Maïzena avec 1 c. à s. de lait dans un bol et réservez. Versez le reste du lait dans une casserole, ajoutez l'ail, l'échalote et portez à ébullition, puis réduisez le feu et faites mijoter 6 à 8 min. Laissez infuser.

2 Mettez les épinards dans un saladier qui supporte la chaleur et ébouillantez-les. Attendez 30 à 45 s, le temps qu'ils flétrissent, puis transvasez-les dans une passoire. Réservez 1 ou 2 min en les retournant de temps en temps, puis passez-les sous l'eau froide afin qu'ils restent bien verts et égouttez-les. Pressez-les avec le dos d'une cuillère pour en extraire l'eau puis hachez-les.

3 Remuez la Maïzena et versez-la dans le lait infusé. Mettez la casserole sur le feu et portez à ébullition en remuant sans cesse, jusqu'à l'obtention d'une sauce épaisse. Retirez du feu, poivrez, salez légèrement et ajoutez la noix de muscade, puis la crème fraîche.

4 Incorporez les épinards et réchauffez-les quelques instants à feu doux. Ne prolongez pas la cuisson trop longtemps si vous voulez qu'ils gardent leur couleur vive. Saupoudrez de noix de muscade et servez.

On a obtenu une sauce moins grasse et plus savoureuse en utilisant un mélange de Maïzena et de lait aromatisé à l'ail et à l'échalote.

Gratin dauphinois

Cette recette exige traditionnellement beaucoup de beurre, de lait et de crème. Et pour créer cette sauce crémeuse qui rend les pommes de terre tendres et goûteuses, tous les composants doivent cuire ensemble. La version allégée n'allait donc pas de soi, mais la réussite est au rendez-vous.

	Classique	Allégée
Kcal	424	232
Lipides	32,3 g	12 g
Acides gras saturés	18,4 g	7 g
Sel	0,82 g	0,25 g

232 kcal par personne

Protéines : 6 g ; glucides : 27 g ; lipides : 12 g ; acides gras saturés : 7 g ; fibres : 2 g ; sucre : 3 g ; sel : 0,25 g

Pour 6 personnes

Préparation : 30 minutes, plus temps d'infusion
Cuisson : 1 h 30

- 1 c. à c. d'huile d'olive
- 15 cl de lait demi-écrémé
- 1 gousse d'ail pelée et coupée en deux
- 4 brins de thym, plus un peu pour servir
- 1 feuille de laurier
- 1 échalote grossièrement hachée
- 1 bonne pincée de noix de muscade râpée
- 1 kg de pommes de terre farineuses (type bintje)
- 140 g de crème fraîche
- 7,5 cl de bouillon de légumes
- 1 c. à c. de feuilles de thym
- 25 g de gruyère râpé
- sel, poivre noir fraîchement moulu

1 Préchauffez le four à 160 °C (th. 5-6), ou 140 °C (th. 4-5) en chaleur tournante. Huilez le fond et les côtés d'un plat de 25 x 18 x 5 cm allant au four. Mettez le lait, l'ail, le thym, le laurier et l'échalote dans une casserole. Portez à ébullition, puis ôtez du feu avant d'ajouter la noix de muscade et un peu de poivre. Réservez et laissez infuser pendant la préparation des pommes de terre.

2 Pelez et coupez les pommes de terre en fines rondelles. Séchez-les dans du papier absorbant. Étalez la moitié des rondelles dans le plat en les faisant se chevaucher légèrement, salez et poivrez.

3 Tamisez le lait infusé dans un bol verseur. Mettez la crème fraîche dans un saladier, ajoutez le lait petit à petit en battant jusqu'à obtenir un mélange homogène. Incorporez le bouillon et les feuilles de thym. Transvasez le liquide dans le bol et versez-en la moitié sur les pommes de terre.

4 Couchez le reste des pommes de terre dans le plat, ajoutez le liquide restant, le gruyère râpé et un tour de moulin à poivre. Enfournez 1 h 15 à 1 h 30 jusqu'à ce que la surface ait pris une belle couleur dorée et que les pommes de terre soient cuites – testez leur cuisson en les piquant avec la pointe d'un couteau. Laissez reposer avant de servir, parsemé de quelques brins de thym.

Pour diminuer les lipides, on a supprimé le beurre et allégé la crème fraîche avec du bouillon et du lait demi-écrémé.

½

Pesto

Il existe de nombreuses versions de cette sauce italienne, mais la plupart exigent beaucoup d'huile, ainsi que des pignons de pin et du parmesan riches en lipides. Sans supprimer ces ingrédients incontournables, il est cependant possible de réduire les graisses saturées tout en préservant la saveur unique du pesto.

	Classique	Allégée
Kcal	91	56
Lipides	9,1 g	5,6 g
Acides gras saturés	1,7 g	0,8 g
Sel	0,1 g	0,1 g

- 25 g de pignons de pin
- 85 g de brocolis
- 25 g de basilic
- 25 g de parmesan en fines lamelles
- 2 gousses d'ail grossièrement hachées
- 3 c. à s. d'huile d'olive
- 2 c. à s. d'huile de colza, plus 1 c. à c.
- sel, poivre noir fraîchement moulu

56 kcal pour 1 c. à s.

Protéines : 1,2 g ; glucides : 0,3 g ; lipides : 5,6 g ; acides gras saturés : 0,8 g ; fibres : 0,3 g ; sucre : 0,2 g ; sel : 0,1 g

Pour 30 cl

Préparation : 10 minutes
Cuisson : 5 minutes

1 Dans une petite casserole à fond épais, faites griller les pignons de pin à feu moyen, en remuant la casserole pour qu'ils dorent uniformément sans brûler. Réservez.

2 Hachez finement les brocolis et mettez-les dans une petite casserole d'eau bouillante pour les blanchir. Portez à ébullition et laissez cuire 2 min de façon à ce qu'ils restent un peu fermes et bien verts. Égouttez-les immédiatement dans une passoire et passez-les sous l'eau froide pour arrêter la cuisson et fixer leur couleur. Égouttez de nouveau.

3 Mixez brièvement les feuilles de basilic avec les pignons de pin, le parmesan et l'ail. Ajoutez les brocolis, et sans arrêter l'appareil, versez l'huile d'olive et 2 c. à s. d'huile de colza, jusqu'à obtenir une pâte homogène. Poivrez et salez un peu.

4 Transférez la pâte dans un bol et versez 1 c. à c. d'huile de colza pour protéger la surface. Le pesto se conserve 3 ou 4 jours au réfrigérateur et se congèle très bien.

Les pignons de pin ont été grillés pour plus de saveur – on en a utilisé moins, d'où une réduction des lipides. Les brocolis ont servi à retrouver la consistance de la recette classique.

Confiture d'oignons rouges

Le taux de sucre de cette recette est très élevé, comme dans toutes les confitures, ainsi que la teneur en lipides – puisque les oignons sont frits. Pourtant, des moyens ingénieux de sucrer autrement cette confiture et de réduire le gras peuvent être mis en œuvre. Même avec une cuisson originale, le goût est excellent et la consistance agréablement sirupeuse.

	Classique	Allégée
Kcal	27	14
Lipides	1,2 g	0,4 g
Acides gras saturés	0,3 g	0 g
Sucre	3,2 g	1,8 g
Sel	0,1 g	0 g

14 kcal pour 1 c. à s.

Protéines : 0,3 g ; glucides : 2,2 g ; lipides : 0,4 g ; acides gras saturés : 0 g ; fibres : 0,4 g ; sucre : 1,8 g ; sel : 0 g

Pour 55 cl

Préparation : 25 minutes
Cuisson : 1 heure

- 950 g d'oignons rouges épluchés
- 3 gousses d'ail hachées
- 1½ c. à c. de graines de moutarde
- 2 brins de thym
- ¼ de c. à c. de sel
- 1½ c. à s. d'huile de colza
- 25 g de sucre de canne complet (muscovado)
- 2 c. à c. de mélasse noire
- 5 cl de vin blanc sec
- 2 c. à s. de vinaigre de vin rouge
- 1 c. à s. de vinaigre balsamique
- poivre noir fraîchement moulu

1 Préchauffez le four à 190 °C (th. 6-7), ou 170 °C (th. 5-6) en chaleur tournante. Coupez les oignons en deux, puis posez-les face tranchée sur le plan de travail et hachez-les finement. Mettez-les avec l'ail, les graines de moutarde et les brins de thym dans un grand plat allant au four. Salez et poivrez. Arrosez d'huile et mélangez avec les mains pour enrober les ingrédients. Étalez la préparation en une seule couche et enfournez 40 min, en la remuant à deux reprises, jusqu'à ce que les oignons aient fondu. Augmentez la température du four à 200 °C (th. 6-7), ou 180 °C (th. 6) en chaleur tournante, et poursuivez la cuisson 15 à 20 min jusqu'à ce que les oignons caramélisent.

2 Sortez le plat du four. Enlevez le thym et ajoutez le sucre, la mélasse, le vin et les vinaigres. Transférez ce mélange dans une casserole. Rincez le plat avec 7,5 cl d'eau pour récupérer les sucs en grattant le fond avec une cuillère en bois et ajoutez-les aux oignons. Faites mijoter environ 5 min jusqu'à ce que le jus devienne légèrement sirupeux.

3 Versez cette confiture dans un pot en verre propre, stérilisé et fermé d'un couvercle. Elle se conserve au moins 1 mois dans un endroit sec et frais.

On privilégie des oignons rouges pour leur saveur sucrée naturelle, ce qui permet de réduire l'apport en sucre et en calories.

Œufs panés

Dans cette version allégée des *scotch eggs* anglais, l'enrobage se compose d'un mélange de porc haché et de lentilles, et les œufs sont frits avant de terminer leur cuisson au four. Il est conseillé de les déguster le jour même.

	Classique	Allégée
Kcal	529	223
Lipides	42,6 g	11,7 g
Acides gras saturés	9,3 g	2,6 g
Sel	2 g	0,5 g

223 kcal par œuf

Protéines : 21 g ; glucides : 8,3 g ; lipides : 11,7 g ; acides gras saturés : 2,6 g ; fibres : 1,4 g ; sucre : 0,3 g ; sel : 0,5 g

Pour 4 personnes

Préparation : 40 minutes, plus refroidissement et réfrigération
Cuisson : 25 minutes

- 5 c. à c. d'huile de colza
- 1 échalote finement hachée
- 5 œufs
- 85 g de lentilles vertes en conserve
- 225 g de porc maigre à moins de 5 % de matières grasses haché
- 2 c. à c. de sauge finement hachée
- 3 c. à c. de ciboulette finement ciselée
- ½ c. à c. de moutarde anglaise en poudre (ou 1 c. à c. de moutarde de Dijon)
- 1 bonne pincée de noix de muscade râpée
- 1 c. à s. de farine
- 25 g de chapelure japonaise Panko
- sel, poivre noir fraîchement moulu

1 Faites chauffer 1 c. à c. d'huile dans une petite poêle antiadhésive, ajoutez l'échalote et faites-la frire quelques minutes jusqu'à ce qu'elle soit tendre. Transférez dans une assiette et laissez refroidir.

2 Mettez 4 œufs dans une casserole et recouvrez-les d'eau froide. Portez à ébullition. Lorsque l'eau commence à bouillir, réglez la minuterie sur 5 min. Quand les œufs sont cuits, égouttez-les et passez-les sous l'eau froide pour stopper la cuisson.

3 Écrasez les lentilles dans un saladier avec le dos d'une fourchette, puis ajoutez le porc haché, la sauge, 2 c. à c. de ciboulette, la moutarde, la noix de muscade, l'échalote réservée, une pincée de sel et un tour généreux de moulin à poivre. Écalez les œufs et essuyez-les avec du papier absorbant.

4 Divisez la viande en 4 parts. Versez la farine dans une assiette et roulez-y les œufs. Mettez une part de viande sur le plan de travail et aplatissez-la à la main en un disque de 12 à 13 cm de diamètre, en utilisant un peu de farine pour l'empêcher de coller. Tenez le disque dans une main et placez un œuf au centre. Recouvrez-le délicatement avec la viande pour qu'il soit entièrement enrobé, puis faites-le rouler doucement sur le plan de travail fariné pour lui donner une forme régulière. Renouvelez l'opération avec les autres œufs et la viande restante.

5 Dans une assiette, mélangez la chapelure Panko et le reste de ciboulette. Badigeonnez les œufs enrobés avec l'œuf restant battu – vous n'aurez pas besoin de l'utiliser entièrement –, puis passez-les dans la chapelure. Déposez les œufs sur une plaque de cuisson garnie de papier sulfurisé et mettez au réfrigérateur 20 à 25 min. Préchauffez le four à 190 °C (th. 6-7), ou 170 °C (th. 5-6) en chaleur tournante.

6 Faites chauffer 2 c. à c. d'huile dans la poêle qui a servi à cuire l'échalote. Lorsqu'elle est assez chaude (un peu de chapelure jetée dedans doit frire immédiatement et brunir), faites cuire les œufs. Mettez-en 2 dans l'huile, réglez la minuterie sur 2 min, et laissez-les frire en les tournant souvent pour qu'ils dorent de tous côtés. Ils doivent colorer, mais ne pas cuire entièrement à ce stade. Transférez-les sur la plaque de cuisson et renouvelez l'opération avec les 2 autres œufs et l'huile restante, en baissant le feu légèrement si la poêle devient trop chaude.

7 Enfournez les œufs panés 12 min. Sortez-les et égouttez-les sur du papier absorbant. Laissez-les tiédir un peu avant de servir.

Pour diminuer les lipides, on a choisi du porc maigre et remplacé une partie de la viande par des lentilles.

•

On a fait frire les œufs dans très peu d'huile pour réduire davantage les matières grasses.

Purée crémeuse

Même en limitant la quantité de beurre et en supprimant le lait entier, cette recette permet d'obtenir une purée légère et onctueuse – l'accompagnement idéal pour un poulet rôti ou grillé, et bien d'autres plats familiaux.

	Classique	Allégée
Kcal	408	225
Lipides	24,7 g	4,1 g
Acides gras saturés	15,2 g	2,4 g
Sel	0,3 g	0,1 g

225 kcal par personne

Protéines : 6,3 g ; glucides : 40,5 g ; lipides : 4,1 g ; acides gras saturés : 2,4 g ; fibres : 3,3 g ; sucre : 2,3 g ; sel : 0,1 g

Pour 6 personnes

Préparation : 10 minutes
Cuisson : 15 minutes

- 1,5 kg de pommes de terre farineuses (type bintje), coupées en morceaux de même taille
- 15 g de beurre
- 12,5 cl de lait demi-écrémé
- 4 c. à s. de crème fraîche à 30 % de matières grasses
- sel, poivre noir fraîchement moulu

1 Portez une grande casserole d'eau à ébullition. Ajoutez les pommes de terre et laissez cuire environ 15 min jusqu'à ce qu'elles soient tendres. Égouttez-les dans une passoire, puis remettez-les dans la casserole vide 2 min à feu très doux afin qu'elles sèchent entièrement.

2 Faites chauffer le beurre et le lait dans une petite casserole puis versez le mélange sur les pommes de terre. Ôtez la casserole du feu et battez la préparation avec un fouet électrique. Incorporez la crème fraîche et mélangez avec une cuillère en bois jusqu'à ce que la purée soit crémeuse. Poivrez et salez.

La crème à 30 % de matières grasses et le lait demi-écrémé ont remplacé une partie du beurre et réduit drastiquement le taux de lipides.

ASTUCES POUR ALLÉGER

Astuces pour alléger

En suivant les recettes de ce livre, vous aurez remarqué que chacune d'elles offre au moins un moyen de réduire de façon non négligeable les lipides, le sel ou le sucre. Les méthodes sont simples et ne présentent aucune difficulté dans la plupart des cas. Pourtant, la différence de calories entre les plats allégés que je vous propose et leurs équivalents classiques s'avère souvent surprenante. Au fur et à mesure que vous prendrez de l'assurance, vous serez en mesure d'adapter d'autres plats en usant des mêmes astuces. Voici les plus efficaces.

DIX ASTUCES POUR... la viande et le poisson

- Choisissez de préférence de la viande maigre.
- Enlevez tout gras superflu de la viande ainsi que la peau du poisson et du poulet.
- Remplacez les lardons par des morceaux de jambon épais, bien dégraissé.
- Préférez le saumon poché au saumon fumé, ce qui permet de réduire de façon significative la quantité de sel.
- Pour donner plus de saveur au poulet, au porc, à l'agneau ou au poisson, faites-les mariner avant cuisson dans du yaourt mélangé à des épices ou dans de l'huile aromatisée aux herbes.
- Frottez la viande avec un mélange d'épices sèches avant de la faire cuire, cela vous évitera de la saler.
- Incorporez des légumes à la viande hachée, par exemple des carottes râpées ou des lentilles vertes, pour donner plus de consistance et réduire la quantité de viande.
- Faites toujours frire la viande et le poisson dans une poêle antiadhésive pour limiter la quantité d'huile.
- Et, quand c'est possible, faites griller la viande et le poisson pour utiliser encore moins de matières grasses.
- Plutôt que de servir des burgers, du poisson ou du poulet avec des sauces toutes prêtes, cuisinez vos propres salsas aux fruits ou légumes frais.

... les fruits frais, légumes et fruits secs

- Ne salez pas les aubergines, les nouvelles variétés ne sont pas aussi amères qu'autrefois.
- Augmentez votre consommation de fibres en ne pelant ni les pommes ni les pommes de terre, quand c'est possible (dans ce cas, lavez-les bien).
- Utilisez toujours des fruits de saison, plus parfumés et sucrés, pour limiter l'ajout de sucre.
- Remplacez les pommes de terre par des patates douces ou du céleri-rave, ou mélangez-les à parts égales.
- Diminuez les glucides lents en servant des petites portions de pâtes et de riz, mais ajoutez-leur des pois, des carottes, des poivrons ou des courgettes.
- Remplacez le sel par des cèpes séchés, des herbes fraîches, de la moutarde, de l'ail, du Tabasco, du piment en poudre, du citron ou du citron vert. Un de ces ingrédients au moins peut entrer dans la composition de presque chaque recette et en relever la saveur.
- Agrémentez les gratins de pâtes au fromage avec des tomates cerises.
- Faites cuire les légumes à la vapeur aussi souvent que possible afin de minimiser la perte en nutriments.
- Faites cuire les légumes au four, pour réduire les matières grasses au maximum.
- Faites rôtir les fruits secs, pour intensifier leur saveur.

CINQ ASTUCES POUR... les produits laitiers et les œufs

- Choisissez des fromages au goût prononcé, comme le parmesan ou le cheddar vieux, pour en utiliser moins.
- Réduisez le sel dans les sauces, en faisant infuser des herbes, de l'ail ou des échalotes dans du lait.
- Utilisez de la crème fraîche à 30 % de matières grasses et du yaourt nature pour vos préparations crémeuses.
- Utilisez des œufs petits ou moyens, plutôt que de gros œufs.
- Réservez un peu de l'eau de cuisson des pâtes pour vous en servir comme base de sauce et, ainsi, ne pas utiliser de crème.

... la cuisson au four et les desserts

- Pour les pâtes ou les gâteaux, remplacez une partie du beurre par du yaourt nature et de l'huile de colza.
- Recouvrez les plaques de cuisson de papier sulfurisé, au lieu de les graisser avec du beurre ou de l'huile.
- Remplacez un jaune d'œuf par un blanc battu pour donner du volume aux mousses en diminuant les lipides.
- Utilisez des sucres non raffinés. Pour plus de fondant, combinez le sucre de canne complet (muscovado) avec de la cassonade.
- Préférez le chocolat noir à 70 % pour la richesse du goût. Du cacao en poudre peut se substituer à une partie du chocolat, mais en petite quantité pour que cette consistance différente ne prenne pas le dessus.

Substituts gagnants

De l'huile de colza à la place des autres huiles.
Pourquoi ? Elle contient moins de graisses saturées (moitié moins que l'huile d'olive).

Des lentilles dans la viande hachée.
Pourquoi ? Elles réduisent incroyablement les graisses saturées et augmentent aussi les fibres.

De la pâte filo plutôt que des pâtes traditionnelles.
Pourquoi ? Elle est pauvre en lipides et glucides, et par conséquent moins calorique.

De la farine complète plutôt que de la farine blanche.
Pourquoi ? Elle est riche en fibres et nutriments, telle la vitamine B. L'idéal est un mélange à parts égales.

Du cresson et de la roquette à la place de la laitue.
Pourquoi ? Les feuilles, plus sombres, sont plus riches en nutriments, tels que le bêtacarotène.

Décompte des calories

Avec quelle fréquence regardez-vous au dos d'un paquet lorsque vous faites les courses pour vérifier le nombre de calories d'un produit donné ? Pour un grand nombre d'entre nous, attentifs à la valeur énergétique des aliments, le fait de compter les calories est devenu une façon de vivre. Les recettes de cet ouvrage vous aideront à suivre les recommandations en la matière (voir le guide des apports journaliers page 10).

Les indications du nombre de calories correspondant aux recettes sont classées de la valeur la plus élevée à la plus basse. Toutes les données sont inférieures à 700 kcal par personne. Que vous cherchiez une idée pour un déjeuner léger, un dessert festif ou un dîner familial, cette liste vous aidera à choisir rapidement une recette en fonction des calories indiquées.

Recettes en dessous de 700 calories

Recettes en dessous de 600 calories

Recettes en dessous de 500 calories

Recettes en dessous de 400 calories

Recettes en dessous de 300 calories

298 kcal : Laksa aux crevettes, page 22
295 kcal : Tortilla, page 193
292 kcal : Trifle aux myrtilles, page 140
280 kcal : Tarte aux amandes, page 182
272 kcal : Quiche lorraine, page 50
271 kcal : Bûche au chocolat, page 184
270 kcal : Panacotta au café, page 125
269 kcal : Saumon teriyaki, page 102
263 kcal : Génoise Victoria, page 178
262 kcal : Poulet chasseur, page 83
260 kcal : Tarte aux pommes, page 143
257 kcal : Crème brûlée, page 154
255 kcal : Ragoût de poisson méditerranéen, page 103
254 kcal : Salade grecque, page 35
247 kcal : Tarte à la mélasse, page 167
243 kcal : Tarte au chocolat, page 126
243 kcal : Gâteau au citron, page 168
239 kcal : Croquettes de poisson, page 49
236 kcal : Granolas croquants, page 192
234 kcal : Cupcakes au chocolat, page 173
232 kcal : Gratin dauphinois, page 206
230 kcal : Sauté de porc, page 57
225 kcal : Purée crémeuse, page 213
223 kcal : Œufs panés, page 210
220 kcal : Tiramisu, page 134
217 kcal : Poulet balti, page 89
217 kcal : Gâteau aux carottes, page 160
215 kcal : Salade de pommes de terre, page 30
213 kcal : Soupe de courge butternut, page 27
213 kcal : Aubergines à la parmigiana, page 111
206 kcal : Muffins aux myrtilles, page 174

Recettes en dessous de 200 calories

196 kcal : Milk-shake à la fraise, page 152
194 kcal : Cake à la banane, page 171
191 kcal : Brownie au chocolat, page 162
186 kcal : Cocktail de crevettes, page 14
186 kcal : Tarte au citron, page 138
180 kcal : Pavlova aux framboises et au fruit de la Passion page 153
175 kcal : Soufflés au fromage, page 18
169 kcal : Folie aux fraises, page 129
167 kcal : Mousse au chocolat, page 146
162 kcal : Semifreddo aux fruits d'été, page 149
161 kcal : Ratatouille, page 204
160 kcal : Pain à l'ail, page 201
157 kcal : Terrine de saumon, page 21
157 kcal : Flapjacks, page 180
148 kcal : Glace à la vanille, page 144
145 kcal : Houmous, page 195
141 kcal : Soupe de poireaux-pommes de terre, page 29
141 kcal : Légumes rôtis, page 194
130 kcal : Pain d'épice, page 170
123 kcal : Coleslaw croquant, page 63
116 kcal : Cookies aux raisins secs, page 181
106 kcal : Cookies au beurre de cacahuète, page 172
99 kcal : Roulés à la saucisse, page 196
97 kcal : Cookies aux pépites de chocolat, page 176
83 kcal : Épinards à la crème et à l'ail, page 205
56 kcal : Poireaux et petits pois braisés, page 202
56 kcal : Pesto, page 208
14 kcal : Confiture d'oignons rouges, page 209

Index

Je dédie ce livre à Elizabeth, Emily et Megan.
Puisse-t-il leur donner autant d'inspiration qu'elles m'en procurent.

Remerciements

Un grand merci à tous mes amis « les goûteurs » qui ont donné leur opinion impartiale sur mes recettes. Je vous suis reconnaissante pour tous vos commentaires. J'ai une dette envers la nutritionniste Kerry Torrens, qui m'a soutenue et prodigué ses conseils inestimables. Elle a aussi analysé les nouvelles recettes destinées à ce livre et calculé les « alertes santé ». Merci Kerry – je n'y serais pas arrivée sans vous. Merci également aux nutritionnistes Wendy Doyle et Fiona Hunter, dont j'ai apprécié l'expertise en travaillant sur les recettes originales pour le magazine *BBC Good Food*. J'aimerais aussi remercier l'équipe éditoriale de *Good Food*, en particulier l'éditeur Gillian Carter, qui a soutenu ce projet de livre dont j'avais eu l'idée, et qui continue à encourager une façon plus saine de se nourrir dans son magazine. Et enfin, je remercie vivement le Groupe Octopus Publishing pour avoir accepté de publier ce livre, ainsi que l'équipe éditoriale qui a contribué à en faire un bel ouvrage.

Éditrice Eleanor Maxfield
Directrice artistique adjointe Yasia Williams-Leedham
Maquette Jaz Bahra
Secrétaires d'édition Alex Stetter et Katy Denny
Fabrication Sarah Kramer

Crédits photos

David Munns, sauf :
Lara Holmes 37, 155
Gareth Morgans 71
Stuart Ovenden 183
Lis Parsons 67-69, 81, 177, 207
Philip Webb 139 (tarte finie), 211
Simon Wheeler 25, 47, 51, 123, 191

Stylisme culinaire

Angela Nilsen, sauf :
Lizzie Harris 37, 211
Jane Hornby 139 (en bas, à droite), 183
Jennifer Joyce 155
Lucy O'Reilly 61